1712

RÉFUTATION
DU SERMON
DES CINQUANTE,
DE VOLTAIRE.
Par M. ****

A COLOGNE,
Aux dépens de la Compagnie.

M. DCC. LXXI.

RÉFUTATION
DU SERMON
DES CINQUANTE.*

Enfin, Monsieur, j'ai lu l'Ecrit que vous m'avez fait remettre il y a près d'un an. Il se réduit, comme tous les autres de ce genre, vieux & nouveaux, à des objections contre la Religion Chrétienne. Celui-ci les remontre à peu près toutes d'un seul coup. Il les propose avec autant de confiance que si elles n'avoient pas été mille fois détruites par nos anciens & nouveaux Controversistes dans des livres connus & communs. Faut-il répéter, ou y renvoyer l'Ecrivain ? Je prendrai souvent ce dernier parti. La réfutation de tout ce qu'il allegue de plus relevant est chose faite. Le reste qu'il produit de son fonds, ou d'après quelques nouveaux Déistes & Matérialistes, consiste

---

* Cet Ecrit est de Voltaire. Il a pour titre : *Sermon des Cinquante* : l'on ne sait point la raison de ce titre.

A.

en quelques prétendues notions universelles, quelques principes de raison posés équivoquement, dont il tire de fausses conséquences; en un mot, en de vaines spéculations de cette philosophie séductrice, dont saint Paul avertit les Colossiens de se donner de garde.

Le fonds de cet Ecrit n'est donc rien moins que capable de faire impression; mais l'air sententieux que l'Auteur donne à des pensées d'ailleurs fort communes; le ton d'assurance sur lequel il se monte, & qui lui persuade qu'il a droit de prendre souvent celui de l'ironie; des subtilités enveloppées avec art; & sur-tout une adresse rare, mais lâche & très-indigne d'un honnête homme, de montrer les faits & les preuves sous un faux jour: tout cela réuni est bien capable de surprendre des esprits peu attentifs. C'est le grand nombre. Vous avez donc raison de souhaiter qu'ils soient précautionnés contre les artifices de ces Maîtres d'erreur, qui se multiplient dans ces derniers tems. Mes remarques serviront peut-être à cette fin: c'est en tout cas celle que je me suis proposée. Je donne tout l'Ecrit, mais par petites parties, sur lesquelles je fais de suite les remarques que j'estime nécessaires.

Toute Religion qui n'appartient qu'à un peuple est fausse.

Cette proposition est équivoque, elle peut signifier qu'une Religion est fausse, si elle n'est établie que pour un peuple, de maniere que tous les autres Peuples n'y pourroient être admis, quand même ils le voudroient.

L'Auteur de l'Ecrit, pourroit tirer de

cette proposition prise en ce sens, que la Religion des Juifs étoit fausse, s'il étoit vrai qu'elle n'eût été établie que pour ce peuple, de maniere que tous les autres peuples n'aient pû y être admis, quand même ils l'auroient voulu. Mais comme dans le fait, il n'est pas vrai que la Religion des Juifs n'ait été établie que pour les descendans de Jacob, de maniere que les autres peuples n'y pussent être aggrégés, s'ils l'eussent voulu ; & qu'au contraire il conste par les livres qui contiennent l'Alliance Judaïque, que toutes autres personnes que les descendans de Jacob pouvoient y entrer ; l'Ecrivain ne peut rien conclure de sa proposition prise en ce premier sens contre la Religion des Juifs. Et à plus forte raison, il n'en peut rien conclure contre la Religion Chrétienne, à laquelle toutes les Nations sont appellées, & qui en ce sens très-véritable appartient à tous les peuples.

Cette même proposition : *toute Religion qui n'appartient qu'à un Peuple est fausse*, peut signifier qu'une Religion, dont un seul Peuple fait profession, est fausse.

Cette proposition prise en ce second sens, qui est apparemment celui de l'Ecrivain, est-elle vraie ? Est-il bien évident, qu'une certaine maniare particuliere d'honorer Dieu, qui n'est pratiquée que par un seul Peuple, (ce que l'on appelle Culte, Religion) est fausse? Y a-t-il une liaison nécessaire entre l'idée du sujet de cette proposition, & l'idée de l'attribut ; c'est à-dire, cette idée : toute Religion qui n'est professée que par un seul Peuple, renferme-t-elle cette seconde idée : cette

Religion est fausse ? Non assurément. L'on ne voit point que cette derniere soit contenue dans la premiere. C'est pourquoi le Chrétien, le Juif, le Mahométan nieront la proposition sans hésiter.

L'Ecrivain la senti lui-même. Il a cru qu'elle avoit besoin de preuve. Je vais l'examiner ; mais vous remarquerez, s'il vous plait, que puisqu'il ne vouloit employer que la raison pour sapper toute Religion qui n'est professée que par un seul Peuple, il devoit débuter par une proposition qui ne fût pas conçue en termes ambigus, & qui fût d'ailleurs évidente par elle-même ; loin de s'énoncer par une proposition fausse. Il prétend le prouver *Parce que la Religion est la voix de Dieu, qui parle à tous les hommes ; elle doit les réunir & non les diviser.*

Cette preuve est plus obscure & moins admissible que ce qu'il falloit prouver. La Religion est le culte que l'on rend à Dieu, & non point la voix de Dieu. C'est changer les termes, pour jetter le Lecteur dans les broussailles.

Le culte que l'on doit à Dieu, doit être réglé sur la voix de Dieu ; on doit l'écouter ; l'on doit y être docile ; cette voix parle à tous les hommes en différentes manieres ; cette voix doit les réunir dans ce vrai culte ; elle ne se fait entendre qu'à cette fin ; tout cela est vrai. Mais que s'ensuit-il de là ? Que tous les hommes écoutent la voix de Dieu, qui leur enseigne en différentes manieres le vrai culte qu'il exige d'eux ? que tous les hommes sont dociles à cette voix, & qu'en consé-quence, ils se réunissent de fait dans ce vrai & unique culte ? quelle conséquence !

Parce que la voix de Dieu, qui parle à tous les hommes, leur enseigne de ne point voler, de ne point tuer, &c. parce que cette voix doit les réunir dans l'exercice d'un amour sincere pour leurs freres; faut-il en conclure que de fait, tous les hommes ni ne volent, ni ne tuent leurs semblables, & qu'ils n'ont pour eux que des sentimens de tendresse, & une conduite réelle, pleine de charité ?

A quoi se réduit donc la preuve de l'Ecrivain ? A ce petit & faux raisonnement : Dieu enseigne à tous les hommes en différentes manieres le vrai culte qu'il exige d'eux ; donc effectivement tous les hommes le lui rendent. Comme tout le monde sait qu'il y a une grande distance entre le devoir & l'exécution, entre les leçons & la pratique, je n'insiste plus sur cette article. L'on apperçoit que la premiere proposition de l'Ecrivain reste sans preuve, & que l'on a droit de la supposer fausse, comme elle l'est effectivement. Ce qui suit la rend-elle plus plausible ?

Il est impossible que le point dans lequel tous les hommes se réunissent, ne soit l'unique centre de la vérité ; & que les points dans lesquels ils different, ne soient l'étendart du mensonge. Or ils se réunissent dans le culte de l'Etre suprême ; donc &c.

Grands mots qui ne présentent que des idées vagues, & d'où l'on peut conclure à perte de vue tout ce que l'on voudra, hors ce qui est en question.

En effet immédiatement avant l'établissement de la Religion Chrétienne, toutes les

Nations qui étoient sous le Ciel, excepté les Juifs, se réunissoient dans le culte des Idoles de métal & de bois; donc le culte des Juifs étoit faux, & le culte des Idoles de métal & de bois étoit le seul vrai. La conséquence est absurde; qu'est-ce que le principe d'où elle suit directement?

Il y a plus. Dans le tems qu'Abraham sortit de Caldée, toutes les Nations, sans aucune exception, se réunissoient à adorer des Idoles de terre cuite, de pierre, de bois & de fonte. Il y en avoit même dans la famille de Tharé. Ce point étoit donc le centre unique de la vérité: le culte des Idoles étoit donc le vrai culte.

Mais s'il l'étoit en ce tems-là à cause de la réunion de tous les peuples dans ce point unique, il sera nécessaire de dire qu'il ne l'est plus aujourd'hui; car en général tous les peuples, loin de se réunir dans le point de l'adoration des Idoles, se réunissent plutôt à les rejetter. Donc ce qui a été le vrai culte en un tems, cessera de l'être en un autre, selon que les hommes changeront de connoissances, de mœurs, d'inclinations. Absurdités.

Que prouvera donc l'Ecrivain avec ce prétendu principe, qu'*il est impossible que le point dans lequel tous les hommes se réunissent ne soit le centre de la vérité*? Rien du tout; si ce n'est peut-être que ces propositions soient vraies: Deux & deux c'est quatre; le tout est plus grand qu'une partie de ce tout; il est impossible qu'une chose soit & ne soit pas en même tems; &c. Car il y a bien de l'apparence que, puisque tous les hommes de tous les tems conviennent de la vérité de ces propositions, elles sont effectivement vraies.

Mais ce concert de tous les hommes à reconnoître la vérité de certaines propositions spéculatives & générales, concert qui dépend uniquement de l'esprit, lequel est forcé dans tous les hommes d'en appercevoir la vérité ; ce concert n'a nulle liaison avec un culte vrai ou faux, lequel est libre, parce qu'il dépend principalement de la volonté.

Cette faculté porte librement ses adorations & ses vœux à l'objet qu'elle prend pour son Dieu, & elle les marque par tels moyens extérieurs & sensibles qu'elle juge à propos. D'où il suit que, quoique la réunion forcée de tous les hommes dans un principe spéculatif puisse être appellé le centre de la vérité, la réunion libre & arbitraire de tous les peuples dans un culte pratique n'est point cependant par elle-même une preuve nécessaire de la vérité, ni la diversité des différens cultes n'est par elle-même une preuve nécessaire de la fausseté d'aucun d'eux en particulier.

Et pour faire mieux sentir à l'Ecrivain la fausseté de sa regle, il n'y a qu'à la lui appliquer. *Il est impossible*, dit-il, *que les points dans lesquels les hommes different, ne soient l'étendart du mensonge.*

Or les Déistes, les Juifs, les Mahométans, les Chrétiens different dans les cultes qu'ils rendent à l'Etre suprême ; donc tous ces cultes sont l'étendart du mensonge, c'est-à-dire, selon l'Ecrivain, qu'ils sont tous faux, celui des Déistes, comme ceux de tous les autres ; si cependant les Déistes rendent quelque culte à l'Etre suprême.

Mais je vais plus loin ; répétons l'argument : *Il eſt impoſſible que le point dans lequel tous les hommes ſe réuniſſent, ne ſoit l'unique centre de la vérité, & que les points dans leſquels ils different, ne ſoient l'étendart du menſonge. Or ils ſe réuniſſent dans le culte de l'Etre ſuprême : donc, &c.*

Dans ma copie je n'ai que ce *donc, &c.* comme je viens de l'écrire. Mais la conſéquence entiere ne peut être que celle-ci : Donc le culte de l'Etre ſuprême eſt l'unique centre de la vérité. Les deux premieres propoſitions n'aménent point d'autre concluſion ; vous ne pourrez en douter ſi vous les reliſez.

Eh ! bien, Monſieur, accordons cette conſéquence à votre Déiſte, que le culte de l'Etre ſuprême eſt l'unique centre de la vérité ; c'eſt-à-dire, apparemment que le culte de l'Etre ſuprême eſt le ſeul vrai culte ; ou mieux, que c'eſt une vérité certaine, qu'il eſt bon, juſte, néceſſaire que la créature rende un culte à l'Etre ſuprême.

J'en conviens. Mais que s'enſuit-il de là contre un tel culte en particulier, contre celui que les Chrétiens rendent à l'Etre ſuprême, ou, ce qui eſt la même choſe, contre la Religion Chrétienne ? Rien du tout. Il ſuit au contraire que les Chrétiens font une choſe bonne, juſte, néceſſaire en rendant leur culte à l'Etre ſuprême.

Ce n'eſt pas aſſurément ce que l'Ecrivain avoit envie d'en tirer. Mais les principes qu'il a poſés n'amenent rien autre choſe. Vous en ferez pleinement convaincu, Monſieur, ſi, après l'examen de la premiere propoſition de ſon argument, vous diſcutez la ſeconde. Elle porte :

Or tous les hommes se réunissent dans le culte de l'Etre suprême.

Ce que j'ai dit sur la première proposition doit fixer le sens de celle-ci. La premiere, comme je l'ai montré, ne signifie autre chose, sinon que si tous les hommes de toutes les nations & de tous les tems se réunissent à reconnoître pour vraie une proposition qui n'éconce que la convenance, ou l'identité de l'attribut avec le sujet, comme parlent les Logiciens; cette proposition doit passer pour vraie; & que si tous les hommes de toutes les nations & de tous les tems ne s'accordent pas à tenir pour vraie une proposition spéculative, ceux qui l'affirment ou ceux qui la nient, sont dans l'erreur. C'est le seul sens raisonnable que l'on puisse donner à la premiere proposition de l'Ecrivain. S'il a prétendu dire autre chose, il s'est trompé, ou il a voulu tromper ses Lecteurs.

Le sens de la seconde proposition est donc nécessairement celui-ci : Or tous les hommes conviennent que la créature raisonnable doit rendre un culte à l'Etre suprême : car très-évidemment le Déiste ne prétend pas dire que tous les hommes de tous les tems & de toutes les nations conviennent du culte déterminé qu'il faut rendre à l'Etre suprême, ou qu'il faut rendre un tel culte déterminé à l'Etre suprême; cela est trop visiblement faux.

Or ; puisque nous savons au juste le sens des deux premieres propositions de l'argument, la troisieme, c'est-à-dire, la conséquence ne peut être douteuse, c'est celle-ci : Donc il est certain que la créature raisonnable doit rendre un culte à l'Etre suprême.

Ainsi l'argument entier réduit à des termes clairs & précis est celui-ci : Il est impossible qu'une proposition de la vérité de laquelle tous les hommes de tous les tems & de toutes les nations conviennent, ne soit pas vraie ; & il est également impossible que lorsque les hommes de tous les tems & de toutes les nations different dans le jugement qu'ils portent d'une proposition, & que les uns l'affirment, & que les autres la nient, il est impossible, dis-je, que les uns ou les autres ne soient dans l'erreur. Or les hommes de tous les tems & de toutes les nations conviennent de la vérité de cette proposition : Il est bon, juste, nécessaire que la créature raisonnable rende un culte à l'Etre suprême : Donc cette proposition est vraie, c'est-à-dire, donc il est bon, juste, nécessaire que la créature raisonnable rende un culte à l'Etre suprême.

Voilà le raisonnement du Déiste tiré au clair & dans toute sa véritable force. Il ne prouve rien du tout contre la Religion Chrétienne, ni même contre celle des Juifs, ou celle des Mahométans ; comme il est manifeste : puisque les Chrétiens, les Juifs, les Mahométans, loin de nier qu'il faut rendre un culte à l'Etre suprême, posent au contraire cet article pour principe, se divisant seulement dans la maniere de rendre ce culte.

Mais si cet argument ne prouve rien contre la Religion Chrétienne, il est très-efficace contre les Déistes. Car puisqu'il est bon, juste, nécessaire de rendre un culte à l'Etre suprême ; les Déistes qui ne lui en rendent aucun, sont donc méchans, injustes, impies.

du Sermon des Cinquante.

C'en est peut-être trop sur cet article. Suivons maintenant l'Ecrivain.

Toute Religion qui offense la morale est fausse. Les livres des Hébreux l'offensent. Donc &c.

En supposant que ces termes : *Les livres des Hébreux offensent la morale*, signifient que dans ces livres le mal est ordonné ou approuvé de Dieu, vous vous attendez bien que je nierai la proposition, parce qu'elle est d'une fausseté manifeste pour tous ceux qui ont lu ces livres. Comment le prouve l'Ecrivain ?

Il ramasse quantité de faits blâmables rapportés dans ces livres ; mais dont aucun n'a été ni ordonné ni approuvé de Dieu.

Ce travail est donc à pure perte comme vous voyez, & n'est bon qu'à marquer le peu de jugement de l'Auteur. Ce qu'il y a de mauvais, de défectueux dans ces faits n'est point au compte de l'Historien, & beaucoup moins du Dieu des Hébreux, comme il l'appelle.

Ainsi, que Lot offre ses deux filles à prostituer ; que celles-ci couchent avec leur pere ; que de cette couche il naisse une nombreuse postérité ; qu'Abraham & Isaac mentent en disant que leurs femmes sont leurs sœurs ; que Jacob trompe son frere & son pere ; qu'il vole son beau-pere Laban ; qu'il épouse deux sœurs, & leurs servantes, & que de ces mariages il sorte des nations ; que les enfans de Jacob égorgent les Sichémites pour vanger l'affront fait à leur sœur ; que Joseph oblige tous les Egyptiens de se faire esclaves pour avoir du pain ; que Juda couche avec sa belle-fille, & qu'ensuite il veuille la faire mourir ; que David fasse tuer Urie pour épouser sa femme Bethsabée ; sans examiner en détail si aucun de ces faits n'est soutenable en bonne morale, & en supposant que non, il est manifeste que toute cette tirade ne peut prouver autre chose, sinon que dans les livres des Hébreux, comme dans tous autres livres historiques, il est raconté des actions de toute espece ; bonnes & mauvaises ; mais ne prouve point du tout que par ce récit les livres des Hébreux offensent la morale.

Les livres des Hébreux pechent contre la vraisemblance.

Et en quoi, je vous prie ? C'est que la femme de Lot est changée en une statue de sel : que Joseph est établi premier ministre pour avoir déviné un songe ; qu'en 215 ans il est sorti de 70 personnes 600000 combattans & près de deux millions d'hommes ; que tous les miracles de Moyse aboutissent à donner aux Juifs un malheureux coin de terre, qu'ils achetent par le crime ; au lieu de leur donner la fertile terre des Egyptiens ; qu'ils pouvoient les combattre au lieu de s'enfuir en brigands ; que leur Dieu les conduit ; que pouvant se sauver par le chemin le plus court, ils se détournent de plus de 30 milles pour passer la mer rouge à pied sec.

Je reprends chaque article en particulier, & d'abord celui qui concerne le changement de la femme de Lot en une statue de sel.

Le texte original peut signifier seulement qu'elle resta immobile comme un terme, comme une colonne & comme un monument durable de son incrédulité & de sa désobéissance à la voix des Anges qui la pressoient de sortir du territoire de Sodome. C'est ainsi que l'expliquent plusieurs interpretes.

Mais il n'est nullement besoin de cette ressource. L'Ecrivain entend assurément par le terme de vraisemblance, l'apparence de vérité qui se prend du cours ordinaire des choses humaines ; d'où il conclut qu'un Historien qui rapporte des faits singuliers & qui s'éloignent du cours ordinaire des choses humaines, peche contre la vraisemblance.

Cette idée de la vraisemblance n'est point juste, lorsque l'Historien déclare que les faits singuliers qu'il rapporte, ont une cause supérieure & extraordinaire qui est Dieu ; car dans ce cas, il est manifeste que la vraisemblance ne doit pas se prendre du cours ordinaire des choses humaines: puisqu'il s'agit d'événemens que l'on déclare être arrivés au delà, ou même contre le cours ordinaire des choses humaines, & que l'on attribue à une cause supérieure & extraordinaire.

Le raisonnement de l'Ecrivain est donc un pur sophisme ; à moins qu'il ne suppose que Dieu ne peut rien faire dans le monde au delà, ou contre le cours ordinaire & accoutumé des choses humaines. Il le prétend peut-être ainsi. Mais comme tous les hommes qui font usage de leur raison sont bien convaincus que cette prétention est folle & insoutenable, l'on n'ajoutera rien sur cet article.

Il demande outre cela, si l'histoire de la femme de Lot n'est point une imitation de la fable de Myrra. L'Ecrivain suppose assurément bien de la patience dans ſes Lecteurs; car il en faut avoir pour ſoûtenir des demandes auſſi peu ſérieuſes. Le livre qui contient l'hiſtoire de Lot, a été écrit plus de ſix cens ans avant la théogonie d'Héſiode, & l'Iliade & l'Odyſſée d'Homére, les deux plus anciens fabuliſtes, & qui ſont reconnus par tous les Savans pour les deux peres de la Fable. Les plus habiles & les plus incrédules d'entre les proteſtans, Jean le Clerc entre autres, diſent bien que de l'hiſtoire de Lot & de ſa femme ſont nées pluſieurs fables, celle de Philémon & de Baucis, celle de Typhæus, &c. mais juſqu'ici perſonne n'a été aſſez inſenſé pour imaginer que les hiſtoires rapportées par Moyſe fuſſent des imitations des fables que l'on trouve dans Héſiode, Homere, Hérodote, Ovide &c.

Joſeph eſt établi premier Miniſtre pour avoir déviné un ſonge.

Donc l'Hiſtorien peche contre la vraiſemblance? Mauvaiſe conſéquence. Dans les Cours des Princes de tous les tems, les moindres événemens ont preſque toujours décidé des places & du crédit.

En 215 ans il eſt ſorti de 70 perſonnes 600000 combattans, & près de deux millions d'ames, (en y comprenant les 600000 combattans.)

La multiplication prodigieuſe des Iſraélites en Egypte pendant 215 ans qu'ils y ſont demeurés, peut être naturelle. Des ſavans l'ont démontré en détail. Mais quand elle ſeroit un effet de la volonté toute-puiſſante de Dieu, l'Hiſtorien ne peche point contre la vraiſemblance, en attribuant une multiplication

plication extraordinaire à l'Etre suprême, après lui avoir attribué la création, qu'apparemment le Deiste ne lui refuse pas.

Le texte au lieu de 215 ans porte 430. contradiction manifeste.

Oui, le texte écrit en caractéres Caldaiques que l'on appelle Hébraiques; mais le même texte écrit en caractéres Samaritains comprend dans les 430 ans le tems de la demeure d'Abraham, d'Isaac & de Jacob dans la terre de Canaan. Les 70 ont lu de même, & S. Paul après eux, aux Galates C. 3. v. 17. Pourquoi faire une mauvaise difficulté dont l'on sait, ou dont l'on doit savoir la solution. Il n'y a point de Commentateur protestant comme catholique qui ne la donne.

Les miracles de Moyse aboutissent enfin à donner un misérable coin de terre aux Israélites, au lieu de leur donner la belle & fertile terre d'Egypte.

Cette objection ne prouve qu'un défaut de jugement dans celui qui la fait pour montrer que les livres des Hébreux pechent contre la vraisemblance. Dieu a promis à Abraham & à sa postérité la terre de Canaan, c'est-à-dire, la Palestine & non l'Egypte, ni autre partie de la terre petite ou grande. Il auroit été très-inconséquent que les miracles de Moyse aboutissent à donner aux Israélites toute autre terre que la Palestine.

Ce coin de terre, ils l'achetent par le sang & par le crime.

Ils ne l'ont point acquis sans titre comme les Goths, & les Lombards se sont emparés de l'Italie; les Vandales de l'Afrique, les

B

Francs des Gaules; les Normands de la Normandie, &c. Dieu le souverain Seigneur de toute la terre & de tous les hommes, leur avoit donné ce coin de terre, avec ordre d'en exterminer les habitans. L'Ecrivain ne respecte t-il point les volontés du Tout-puissant?

Mais les Israélites au nombre de 600000 combattans auroient pû exterminer les Egyptiens, aulieu de s'enfuir en brigands.

Ils n'ont pas pris ce parti, & ils ne le devoient pas prendre. Dieu ne leur avoit pas donné l'Egypte.

Ils se détournent de 30 milles pour passer la mer Rouge à pied sec.

Cela est ainsi. Dieu vouloit leur montrer & à tous les hommes de tous les siécles combien il est puissant pour sauver ceux qu'il protége, & avec quelle facilité il extermine ceux qui lui resistent. Quel défaut de vraisemblance y a t-il dans le narré? Il y en auroit sans doute, si l'Historien qui le rapporte en attribuoit la cause à des efforts humains; mais quand il l'attribue à l'Etre suprême, au Tout-puissant; il établit la vraisemblance des faits, au lieu de l'offenser: car il est au moins vraisemblable que le Tout-puissant peut ce qu'il veut, & que ce qu'il fait est très-possible.

Les livres des Hébreux pechent contre la pureté, la charité, la bonne foi, la justice & la raison universelle. Et tout cela y est consacré.

Par cette accusation générale, ou l'Ecrivain ne dit rien du tout; ou il veut signifier que les livres des Hébreux approuvent des actions qui sont contre la pureté, la charité, &c. Quelles sont ses preuves?

Elles confistent d'une part à coudre bout à bout des faits qui font répréhenfibles, & dont l'Hiftorien n'eft pas comptable; & de l'autre, à donner à des actions innocentes un tour & un air de roman qu'il fait accompagner d'un ftile badin qui va quelquefois jufqu'à l'indécence. Au détail.

Les Juifs volent les Egyptiens par ordre de leur Dieu.

Le Dieu des Juifs eft l'Etre fuprême. l'Ecrivain lui refufera-t-il le droit & le pouvoir de transférer les domaines, les poffeffions & les biens de quelque nature & de quelque efpéce ils foient, puifqu'il en eft l'Auteur & que les hommes ne les tiennent que de fa main, non plus que leur être & leur vie? Si l'Ecrivain a des idées juftes de l'Etre fuprême qu'il veut paroître admettre; cette réponfe eft fans replique; & il eft plus qu'inutile qu'il remontre la même objection fous différentes faces.

Après ce miracle (du paffage de la mer Rouge) Aaron fait un autre Dieu aux Hébreux; & ce Dieu eft un veau. Puis Moyfe ordonne à des Prêtres de tuer leurs fils, leurs Peres. Il y en eut 23 milles qui fe laifferent égorger comme des bêtes.

Eh bien n'eft ce pas là une belle preuve que les livres des Hébreux pechent contre la pureté, ou la charité, ou la bonne foi, ou la juftice, ou la raifon univerfelle ? Les Hébreux après un témoignage fi éclatant de la protection de Dieu fur eux tombent dans l'Idolâtrie la plus honteufe. Dieu ordonne que ce crime foit puni par la mort d'un nombre de ces Idolâtres; non de 23000, mais de 3000 comme portent l'Hébreu & le Samaritain. L'Idolâtrie n'offense t-elle pas l'Etre suprême ? N'est-ce pas un crime qui merite d'être expié par le sang de ceux qui s'y abandonnent ?

Ce peuple des Hebreux après cette boucherie sacrifie des victimes humaines à Adonai, qui est Adonis, Dieu des Pheniciens.

L'on ne peut déviner à quel trait de l'histoire des Israélites sous la conduite de Moyse l'Ecrivain fait rapport. Il n'en sait assurément rien lui-même. Ce qui est très-certain, c'est que le Dieu des Hébreux leur a défendu très-expressément de lui offrir des victimes humaines ; & si l'Ecrivain veut dire ou insinuer qu'il le leur a ordonné ou qu'il l'a approuvé, c'est une insigne calomnie.

Jephté comme un Cannibale sacrifie sa fille.

Quand il l'auroit fait, les livres des Hebreux qui le rapporteroient non plus que leur Dieu qui ne l'a ni commandé ni approuvé n'en seroient pas comptables. Mais selon le texte original, le vœu de Jephté consiste précisément en ceci : *Que s'il retourne victorieux de son expédition contre les Ammonites, ce qui d'entre les choses qui lui appartiennent, se présentera à lui d'abord à son retour, sera du Seigneur, ou appartiendra au Seigneur; ou il le lui offrira en holocauste.* Ce qui signifie clairement que si la chose qui se présenteroit la premiere n'étoit pas du nombre de celles qui peuvent être immolées au Seigneur, elle lui seroit consacrée d'une maniere particuliere & non immolée. C'est pourquoi il est dit dans la suite que la fille de Jephté demanda du tems pour pleurer sa virginité, &

qu'elle la pleura effectivement pendant deux mois; mais non pas sa mort; & il est ajouté de suite: *Jephté accomplit à l'égard de sa fille, ce qu'il avoit promis*, E T *ipsa non cognovit virum*. Ce qui marque sans équivoque qu'elle embrassa le célibat, & que son pere la fixa dans cet état. Ce qui étoit une maniere de consécration au Seigneur très-pénible au pere & à la fille, quand l'on fait attention aux mœurs du tems.

Les Israëlites voyent des filles Idolâtres; on en immole 24000. *Digne exemple des persécutions en matiere de Religion.*

L'Ecrivain devoit ajouter avec le texte, que ces Israélites avoient adoré les Idoles & participé aux sacrifices qui leur avoient été offerts. Mais il ne vouloit pas montrer la raison principale de cette exécution. Il croit qu'elle étoit injuste, puisqu'il fait cette belle réflexion: *Digne exemple des persécutions en matière de Religion*. Est-ce donc une chose indifférente ou innocente d'adorer les Idoles, sur-tout dans une societé où cela est défendu sous peine de mort?

Les Juifs introduits dans les rochers de la Palestine: Voilà, leur dit-on, le beau pays que votre Dieu vous donne.

Cette ironie est très-déplacée. La Palestine étoit réellement un pays très-fertile quoique montueux. Le nombre prodigieux d'hommes qu'elle nourissoit sous les Rois de Juda & d'Israël le prouve. Mais au fond; une raillerie bien ou mal placée prouve t-elle que les livres des Hébreux pechent contre la pureté, la justice, &c?

Egorgez (dit-on aux Juifs) *tous les habi-*

tans, réservez seulement pour vous les petites filles. Cela s'execute. Le texte dit que dans le camp des Madianites on trouva 67500 Brebis 72000 Bœufs, 71000 Anes, & 32000 Pucelles. Qui ne sent l'absurdité de ce calcul?

 La liaison que met l'Ecrivain entre l'introduction des Juifs dans les rochers de la Palestine & la défaite des Madianites dont il parle, fait supposer au Lecteur que cette défaite a suivi l'entrée des Juifs dans la Palestine. Ce qui est très-faux. La défaite dont parle l'Ecrivain est arrivée sous Moyse & par ses ordres & avant le passage du Jourdain.

 Il est vrai que l'Etre suprême avoit ordonné d'exterminer les Madianites. Mais l'orgueilleux Ecrivain lui contestera t-il le droit de mort sur ses créatures auxquelles il a donné la vie? Il le dit tout bas: & passe en demandant qui ne sent l'absurdité du calcul des Brebis, des Bœufs, des Anes, des Pucelles?

 Où est l'absurdité de ce calcul? Est-ce parcequ'il est faux? On le diroit sans preuve. Est-ce parce que cette exactitude est indigne d'un Historien? Et pourquoi le seroit elle? Les plus graves & les plus sensés d'entre les Historiens profanes, donnent souvent de ces détails & l'on ne s'avise pas de les taxer d'absurdité. Mais dans le cas dont il s'agit, le calcul étoit nécessaire; parce que les Brebis, les Bœufs, &c. devoient être & furent effectivement partagés également entre ceux qui étoient allés au combat & ceux qui étoient restés au bagage: & sur la part des premiers, il en devoit être pris un de cinq

du Sermon des Cinquante.

cens pour le Grand-Prêtre Eléazar; & sur la part des autres; il en devoit être pris un de cinquante pour les Lévites.

On passe le Jourdain à pied sec. Une prostituée Rahab introduit ce peuple saint.

Ce que l'Ecrivain ne peut nier directement, il lui donne une air de fable ; & quand il manque de faits repréhensibles dans l'histoire des Hébreux ; il en suppose de sa façon. Ainsi il parle du passage du Jourdain comme d'un événement romanesque ; & il attribue à une prostituée Rahab d'avoir introduit les Hebreux dans la ville de Jericho, quoique rien ne soit plus faux.

Les Espions que Josué envoya à Jericho, entrerent dans une auberge tenue par une femme, qui d'ailleurs étoit de mauvaise vie. Car le texte original est susceptible de ce dernier sens aussi bien que du premier. Mais y a plus que de l'apparence que cette femme tenoit auberge ; car des étrangers qui cherchent à loger s'adressent aux hôtelleries. Cette femme cacha les espions, lorsque par l'autorité publique l'on étoit à la quête de ces étrangers que l'on avoit vû entrer dans la Ville. Elle les pria de la sauver & sa famille, lorsque Dieu leur avoit livré cette ville. Ils le lui promirent, pourvu qu'elle mît un cordon d'ecarlate pour signe à la même fenêtre par où elle les avoit fait descendre. Ils lui tinrent parole. C'est toute la part qu'à eue la prostituée Rahab à l'introduction des Hébreux dans la Palestine.

Ce peuple saint entre dans une ville où il n'avoit aucun droit & massacre tout. On crucifie des Rois ensuite.

C'est répéter. Ce qu'il y a ici de plus, c'est que l'Ecrivain montre clairement qu'il ne croit pas que l'Etre suprême soit l'arbitre souverain des biens & de la vie des hommes. Quelle idée s'est-il donc forgée de son Etre suprême.?

Quelques Benjamites veulent abuser d'un Lévite. A son refus, ils excédent sa femme qui en meure. Les onze Tribus massacrent toute la tribu de Benjamin; il n'en échappe que 600 hommes. Pour ne pas perdre cette tribu; on extermine les habitans d'une ville de Juda.

On y réserve 600 filles qu'on donne aux Benjamites, pour perpétuer cette belle race. Belle aventure.

Cette aventure belle ou non n'est point au compte de l'Historien qui la rapporte. l'Ecrivain devoit l'omettre comme beaucoup d'autres.

Les Juifs venus de si loin pour conquerir sont soumis malgré le Seigneur aux Philistins.

Pourquoi ajouter, *malgré le Seigneur?* l'Ecrivain ne sait-il pas que le Seigneur avoit ménacé les Hébreux de les soumettre aux Cananéens & autres s'ils n'étoient point fidéles à sa loi? s'ils se mêloient avec les étrangers. & les imitoient dans le culte des Idoles? Si l'Ecrivain ne le sait pas, pourquoi se mêle t-il d'écrire: & s'il le sait; c'est blasphemer.

Les Juifs ayant juré obéissance au Roi Eglon; Aod lui demande audience de la part de Dieu: Aod l'assassine. Exemple des meurtres des Souverains.

Toujours du faux. Les Juifs n'avoient point juré obéissance au Roi Eglon. Il les opprimoit par une dure & injuste servitude;

mais il n'étoit point leur Roi ; ainsi ce n'est point ici une exemple du meurtre des Souverains. Mais au reste, le fait est absolument inutile pour aider à la preuve dont l'Ecrivain s'est chargé ; puisque le moyen dont Aod s'est servi pour délivrer son peuple de la servitude du Roi des Moabites n'a été ni commandé ni approuvé de Dieu.

Les Juifs veulent un Roi.

Cela est vrai.

Il immole des hommes.

Calomnie.

Saül voulant combattre les Philistins, ordonna prudemment que personne ne mangeât de tout le jour, pour avoir plus de force & de vigueur, & jura d'immoler celui qui auroit mangé. Le fils du Roi eût subi ce sort pour avoir mangé un peu de miel, si le peuple n'eût été plus sage que Saül.

Quel trait a la défense faite par Saül à ce dont il est question ? Faut-il toujours répéter qu'un Historien n'est comptable que de la vérité des faits, & non de leur conformité ou de leur opposition avec les bonnes régles?

Saül prend prisonnier le Roi Agag. Il lui conserve la vie. Samuel lui annonce sa réprobation pour l'avoir sauvé. Et ce Prêtre boucher le coupe par morceaux. Que diroit-on si un Chapelain de Charles V. lui eût dit : Vous êtes damné pour avoir conservé la vie à François I. & qu'à l'instant ce Chapelain eût haché le Roi de France ?

La comparaison peut amuser & faire rire quelques sots ; mais non pas persuader des gens sensés & instruits. Elle n'est pas juste. Le Chapelain de Charles V. est un homme à gage qui ne tient son caractére, sa place & l'autorité qu'elle lui donne que de Charles V. au lieu que Samuel est un prophête ministre du Dieu Très-haut, & qui n'agit que par ses ordres. Or la volonté de Dieu n'est-elle pas la loi suprême quand il s'agit de la vie & de la mort, ou de la possession des choses de ce monde ? L'Ecrivain apprendra donc de ce Prêtre boucher dans cet endroit même de l'Ecriture, que le Seigneur préfére la soumission à ses ordres aux victimes & aux sacrifices.

Que dire du St. Roi David qui d'abord fait le metier de brigand, & pille un homme riche nommé Nabal, & épouse sa femme ? Il se réfugie chez le Roi Achis son bienfaiteur, & va pendant la nuit mettre à feu & à sang les villes de ce même Roi... Devenu Roi, il ravit la femme d'Urie, & fait tuer son mari. C'est de cet adultére qu'est descendu le Messie.

Que dire de l'Ecrivain ? Il brouille tout pour faire passer à travers quelques vérités quantité d'impostures. Il dit que David a pillé Nabal; ce qui est faux. Qu'on le relise. Il veut faire comprendre que David a épousé Abigail femme de Nabal, & Bethsabée femme d'Urie, mere de Salomon, du vivant de leurs maris. Ni l'un ni l'autre n'est vrai. Il ne les a épousées qu'après la mort de leurs maris. Il est vrai que David a commis un adultére avec la femme d'Urie & a fait tuer son mari. Ces deux fautes sont assez grandes sans le charger de celles dont il n'a point été coupable. Mais la longue & sincére pénitence qu'il en a faite lui merite bien le nom de Saint. On peut le lui donner sans ironie.

Lorsque David étoit à la Cour du Roi Achis, & lorsqu'il demeuroit à Sicéleg, que ce Roi de Geth lui avoit donnée pour retraite, il faisoit des courses sur les terres des Amalécites & sur les cantons de Gessuri & de Gerzi qui en étoient voisins; l'Ecrivain confond ces pays avec ceux du Roi de Geth. Ignorance ou mauvaise foi.

Dieu avoit assuré les Juifs d'une domination sur toute la terre.

Cela méritoit bien d'être prouvé, apparemment. Mais ce n'est pas de quoi s'embarasse l'Ecrivain. Il n'y a aucune promesse absolue aux Juifs que de leur donner la terre de Canaan, & encore avec cette annonce perpétuelle, qu'ils seroient menés en captivité hors de cette terre; & qu'enfin ils en seroient entiérement exterminés à cause de leurs prévarications. Tout cela est arrivé.

Il est vrai qu'en regardant David comme la tige & la figure de J. C. le vrai Messie, & de tous ceux qui croient en lui, c'est-à-dire, de l'Eglise Chrétienne, Dieu l'a assuré d'une domination universelle; mais d'une domination d'une toute autre espéce que celle que les Rois de la terre exercent sur les corps & sur les biens: c'est une domination, un régne spirituel qui ne s'exerce que sur les esprits & les cœurs.

On trouve dans la Genése des choses arrivées après Moyse.

Après le recit de l'érection d'un monument, ou de la demeure d'un tel peuple en tel lieu, l'on trouve ces ajoutes & pareilles; *jusqu'à ce jour*; &: *c'est encore aujourd'hui son nom*. La mort de Moyse a été encore ajoutée par Josué. Vetilles.

Moyſe dit que Dieu fit la lumiere, puis les ténébres. Ce fut le premier jour. Ainſi il y eut des jours avant que le Soleil fût fait.

Moyſe ne dit point que Dieu ait fait les ténébres. Pourquoi lui en impoſer? Il dit ſeulement que Dieu ſepara la lumiere des ténébres; ce qui ſignifie que par la formation de la lumiere, les ténébres en furent ſéparées. Cela eſt néceſſaire. Quant à la conſéquence, qu'il y a donc eu des jours avant que le Soleil fût fait: cela a pû être ainſi. La lumiere a pû être répandue pendant douze heures ſucceſſivement ſur les hémiſphéres du globe terreſtre, ſans qu'elle fût attachée ou fixée au corps que l'on appelle Soleil.

Le ſixieme jour Dieu fit l'homme, le mâle & la femelle. Mais l'Auteur oubliant que la femme étoit déja faite, la tire enſuite d'une côte d'Adam.

Petite chicane. Dieu fit l'homme & la femme le ſixiéme jour, après lequel il ſe repoſa, c'eſt-à-dire, qu'il ceſſa de créer. Moyſe après l'avoir rapporté ainſi dans le ch. 1. & au commencement du ſecond, reprend dans la ſuite de celui-ci la maniere dont la femme avoit été faite: maniere qu'il n'avoit pas d'abord développée.

On met parmi les quatre fleuves du Jardin d'Eden l'Euphrate & le Nil qui ont leurs ſources à 1000 lieues.

L'on ne ſait quel ignorant a jamais placé le Nil entre les quatre fleuves de l'Eden. A l'égard de l'Euphrate; il eſt certain même par les Auteurs profanes qu'il a ſa ſource dans les montages d'Armenie, ainſi que le Tigre, l'Araxe & le Phaſe qui ſont les quatre fleuves du Jardin de l'Eden.

Le Serpent parle : il perſuade la femme. Et plus bas. *L'Aneſſe* (de Balaam) *parle très-raiſonnablement & aſſez longtems au Prophéte.*

L'Ecrivain eſt en peine de ſavoir comment des bêtes ont pu parler ; & il voudroit, comme Julien l'Apoſtat le demandoit avec inſulte, qu'on lui dît quelle langue parloit le Serpent qui tenta Eve. Il ſuffit de lui répondre en deux morts: que Dieu nous a révélé que le Serpent à parlé à la premiere femme, & l'Aneſſe de Balaam à ſon maître ; mais qu'il ne nous en a pas révélé la maniere. L'orgueilleuſe curioſité de l'homme n'eſt pas ſatisfaite de cette réponſe. Mais il eſt utile à l'homme de reconnoitre ſon ignorance & ſes ténébres. Que l'Ecrivain reponde lui-même : Quand l'Etre ſuprême a ordonné, que la lumiere fût faite, comment a t-elle été faite ?

Les enfans de Dieu deviennent amoureux des filles des hommes ; il y avoit des Géans ſur la terre.

L'on ſait que les enfans de Dieu ſont les deſcendans de Seth & que les filles des hommes marquent les filles de la poſtérité de Caïn ; pourquoi des obſervations de cette eſpéce ? Les Géans ſelon le texte original ſont des hommes forts, violens ; peut-être auſſi que pluſieurs étoient d'une taille fort au deſſus de l'ordinaire. Minuties.

Dieu détruit l'eſpéce humaine & ſauve Noé.

L'Ecrivain ne le croit pas. Mais l'homme ſenſé n'en doute point ; parceque les preuves ſont bonnes.

D'où venoit l'eau pour ſurmonter les plus hautes montagnes de 15 coudées ? Des cata-

raɛles du Ciel. Dieu fait où font ces cataraɛles.

Non; les eaux ne venoient point des cataractes du Ciel : mais elles tomberent du Ciel par l'ouverture des cataractes ; c'est-à-dire, que Dieu ouvrit les cataractes, les barrieres qui retenoient ces eaux dans le Ciel. En parlant physique, l'on peut entendre que les eaux portées par la raréfaction au dessus des nuës ordinaires, ayant été condensées & ayant acquis plus de gravité à proportion de leur masse que l'air & les vapeurs inférieures, sont tombées sur la terre à la quantité qui étoit nécessaire pour couvrir les plus hautes montagnes de 15 coudées. Cela suppose sans doute la séparation que Dieu fit dès le commencement des eaux supérieures & inférieures. Mais c'est cela même qui doit donner la préférence au recit de Moyse, qui est très-suivi & qui se soutient beaucoup mieux que toutes les hypothéses des Modernes. L'Ecrivain peut savoir à présent ce que c'est que les cataractes, & où elles sont.

Il ne sait comment loger dans l'Arche plus de 2000 espéces d'animaux gros & petits, & leur fournir la nourriture pendant plus de dix mois que l'eau fut sur la terre. Jean Butrio anglois ou D. Calmet le tireront de peine. S'il ne veut point les lire ni autres de ceux qui ont examiné la matiére ; il peut rester dans son aveuglement ; mais pourquoi s'efforce t-il de fermer les yeux aux autres ?

Dieu pour confirmer son alliance avec Noë & tous les animaux, instituë l'Arc en Ciel. Ceux qui écrivoient cela n'étoient pas physiciens.

du Sermon des Cinquante.

Cette sortie sur Moyse n'est fondée que sur le sens que l'Ecrivain donne au Texte; auquel, comme vous voyez, il fait dire que Dieu a institué l'Arc en Ciel seulement après le Déluge. Ce sens est faux. Voici ce texte d'après la traduction de Jean le Clerc. Elle ne doit pas être suspecte à l'Ecrivain. *Je fais alliance avec vous;.... & telle sera la marque à laquelle vous reconnoîtrez cette alliance. J'ai placé mon Arc dans la nuée; & il sera la marque de mon alliance avec vous & avec la terre.... Lorsque l'Arc sera dans la nuë, je la regarderai, afin de me souvenir de mon alliance avec toute chair vivante, & toute chair qui est sur la terre &c.* Ce qui signifie clairement non que Dieu institue l'Arc en Ciel; mais qu'il le donne pour marque & comme signe de son alliance.

Noë a une Religion qui n'est ni la Juive ni la Chrétienne.

Apparemment; puisqu'il est mort plus de quinze cens ans avant que la Loi fut donnée aux Juifs, & plus de trois mille ans avant la venue de J. C. le vrai Messie; mais en offrant à Dieu le sang des animaux, il espéroit en ce Messie, dont le sang pouvoit seul effacer les péchés du monde.

Qu'est-ce qu'une tour qui doit aller jusqu'au Ciel? Belle entreprise!

Belle question! comme si tout le monde n'entendoit pas qu'une tour qui doit aller jusqu'au Ciel est une fort haute tour, la plus haute tour que les hommes puissent faire, une tour qui cache son sommet dans les nuës? C'étoit le vain projet de ces hommes orgueilleux, pour rendre leur nom célébre avant de se disperser, par toute la terre.

Dieu la craint (cette tour.)
Ajoûte de la façon de l'Ecrivain.
Dieu fait parler plusieurs langues.
Ne le pouvoit-il pas?
Tout est dans le gout des fables orientales.

Il seroit plus sensé de dire que les fables orientales ont été inventées d'après des faits véritables rapportés par Moyse. C'est ainsi qu'ont pensé tous les Commentateurs anciens & nouveaux, & de toutes les sectes exceptés les seuls Manichéens. L'Ecrivain ne s'en distingue point. Il se met en preuves.

C'est une pluye de feu qui change des villes en lac &c. C'est Jacob qui se bat pendant la nuit contre un Ange ; c'est Joseph vendu en Egypte ; les eaux de jalousie rassurent les maris; il pleut des cailles, & de la manne ; les habits ne s'usent point pendant quarante ans.

L'air de fables que l'Ecrivain fait donner à des faits miraculeux les détruit-il? Reste toujours à savoir s'ils sont vrais.

Les Magiciens de Pharaon en savent presque autant que Moyse. Ils ne sont vaincus que sur l'article des poux.

Ouvrons le livre. * Les Magiciens imitent les trois premiers signes opérés par Moyse. Leurs verges semblent se tourner en Serpens; les eaux se changer en sang ; & l'on voit, ou l'on croit voir des grenouilles sortir des fleuves & des marais. Les Magiciens ne peuvent imiter la troisieme playe qui est celle des poux ; ils sont forcés de reconnoître le

---

* Exod. cap. 7, 8, 9, 10, 11.

doit

doit de Dieu. Ils ne tentent plus de contrefaire ses œuvres. Six playes de suite, des mouches ; de la peste sur toutes les bêtes de service ; des ulceres affreux dont furent chargés les Magiciens même, & qui les obligerent de se cacher ; de la grêle, des tonnerres & des foudres ; des sauterelles ; des ténebres palpables ; toutes ces playes successives réduisent les Egyptiens aux abois : & enfin Moyse y ajoute la mort de tous les premiers nés en une même nuit ; ils pressent les Hébreux de partir. Est-il donc vrai que les Magiciens de Pharaon en savent presque autant que Moyse & qu'ils ne sont vaincus que sur l'article des poux ? Moyen honteux de faire des proselytes.

Adonaï fait mourir les premiers nés pour laisser partir son Peuple plus à son aise.

L'Ecrivain a dit plus haut qu'Adonaï est Adonis Dieu des Phéniciens ; il dit qu'Adonaï fait mourir les premier nés ; il veut faire entendre Adonis sans doute. C'est un ignorant. Adonai n'est point Adonis Dieu des Phéniciens ; mais les Phéniciens ont donné à un de leurs Dieux le nom d'Adonis qui est à peu près le même qu'Adonaï, parce que dans la Langue Phénicienne, qui étoit la même que la Cananéenne ou Hébraique, Adonaï signifie Maître, Seigneur ; ou plûtot, mon Maître, mon Seigneur.

Il est donc vrai que le Seigneur qui a fait mourir les premier nés, est quelquefois signifié par le mot hébreu *Adon* ou *Adonaï*: mais en conclure que les Hébreux dans le desert ont offert des victimes à Adonis, comme l'Ecrivain l'a dit ci dessus ; ou qu'Adonis a fait mourir les premiers nés de l'E-gypte, comme il dit ici ; c'est se jouer bassement sur une miserable équivoque.

Il y a plus ; c'est qu'il n'est point vrai que ce soit le Maître, où le Seigneur exprimé par le terme *Adonaï* qui ait fait mourir les premiers nés : c'est le Souverain Maître de toutes choses, le Créateur du Ciel & de la Terre, & de tout ce qu'il contiennent, exprimé par le terme *Jehova*, le nom incommunicable & reservé à l'Etre Suprême seul ; au lieu que le mot *Adon* ou *Adonaï* se dit de Dieu & des hommes. L'Ecrivain ne sait pas cette distinction, où il l'a dissimulée. Il avoit ses vues.

Cinq Rois Amorréens, c'est-à-dire, cinq Chefs de Villages s'opposent aux ravages de Josué ; ils sont vaincus, & Adonaï fait pleuvoir une grêle de pierres sur les fuiards.

Encore *Adonaï* au lieu de *Jehova*. Petit artifice.

Pour les poursuivre, la nature suspend ses Loix éternelles.

Le mot de Nature, si on l'emploie pour signifier le Souverain Etre, l'Auteur & le Recteur de tout ce qui est créé, a une idée juste & précise ; mais au-delà, ces mots, *la Nature suspend ses Loix éternelles*, sont absolument vuides de sens. Il est donc vrai que pour donner à Josué le tems de poursuivre les fuiards, le Souverain Maître de toutes choses, suspend l'exécution des Loix selon lesquelles il conduit ordinairement le cours des planétes. Le Soleil s'arrête sur Gabaon & la Lune sur Aïalon.

Mais comment la lune est elle de la partie ?

Il falloit bien qu'elle en fût ; afin que recommençant à marcher en même tems que le Soleil, elle continuât ses phases en partant du même degré où de la même quantité de phase qu'elle avoit, lorsque le Soleil fut arrêté.

Josué cite pour garant le livre du Droiturier. Ce même livre est cité dans les Paralipomènes. C'est comme si on donnoit pour authentique un livre du tems de Charles V. dans lequel on citeroit Puffendorf.

Cette difficulté & la plupart de celles que forme l'Ecrivain ont été resolues par les Commentateurs. Il seroit juste de l'y renvoyer pour éviter les longueurs & les répétitions, cependant comme il se forme un vain triomphe de celle-ci, il faut lui montrer qu'elle n'est pas fondée.

1°. Tout le monde sait que parmi les Hébreux aussi-tôt après un événement considérable, il ne manquoit pas de se trouver quelqu'un qui faisoit sur le champ quelque pièce de Poësie sur cet événement. C'est ainsi que Moyse après le passage de la Mer rouge, chante cette œuvre merveilleuse; Josué aussi-tôt que le Soleil s'arrête à sa voix, célèbre ce prodige; Debora & Barac chantent la défaite de Sisara; Anne mere de Samuël, les miséricordes du Seigneur; David fait un Cantique lugubre sur la mort de Saül & de Jonathas, &c.

2°. Le texte original doit être traduit non par, *le livre du Droiturier,* comme portent les vieilles versions Françoises Calviniennes; ni par, *le livre de l'Equité, de la Rectitude,* avec plusieurs modernes; ni même par, *le livre des Justes*, comme la Vulgate l'a rendu; mais par ; *le livre du Chantre*, ou même par , *le livre du Cantique*, ou *des Cantiques*, ou *des Odes Sacrées*.

3°. Ces Cantiques écrits succeſſivement & formant un recueil auquel on en ajoutoit de nouveaux, à mesure que l'on en compoſoit; ce recueil étoit appellé avec raiſon , *le livre du Chantre*, ou *des Cantiques*. Ainſi ce même recueil commencé du tems de Moyſe & continué ſous Joſué, les Juges & les Rois, a pu être cité ſous la même dénomination ; *du livre des Cantiques* ; & par l'Auteur du livre de Joſué, & par celui du 2. de Samuël, quoique ces Auteurs vécuſſent en des tems fort éloignés les uns des autres.

Au reſte quand les Auteurs des livres de Joſué & du 2. de Samuël citent le livre du Chantre ou des Cantiques ; ce n'eſt pas tant pour s'appuier de ſon autorité, que pour montrer que les faits qu'ils racontent ſont ſi notoires qu'ils ont été chantés publiquement auſſi-tôt après qu'ils ſont arrivés ; & que pour s'en convaincre, il n'y a qu'à ouvrir *le livre du Chantre ou des Cantiques*.

Après cela, l'Ecrivain peut s'applaudir tant qu'il voudra de ſa comparaiſon d'un livre que l'on prétendroit avoir été écrit du tems de Charles V. dans lequel on citeroit Puffendorf. L'inapplication eſt ſenſible.

Samſon fameux paillard , eſt repréſenté comme un favori de Dieu.

Samſon a été entre les mains de Dieu un instrument pour punir les ennemis de ſon peuple ; Samſon s'eſt laiſſé corrompre par l'a-

du Sermon des Cinquante.

mour des femmes ; le livre qui rapporte l'un & l'autre peche-t-il pour cela contre la pureté, la charité, la bonne foi, la justice, la raison universelle ?

Samson tue mille Philistins avec une machoire d'Ane. L'instrument n'est pas ordinaire. Il brule leurs bleds en attachant 300 Renards par la queue, & en mettant des fallots dans les nœuds qui les tenoient attachés l'un à l'autre. Le moyen est singulier, mais très-propre pour arriver à la fin.

Voilà les faits d'après le texte. L'Ecrivain y ajoute que cela est arrivé *parce que Samson n'étoit pas rasé.* Voilà du ridicule ; mais il est tout entier sur le compte de l'Ecrivain.

Samson trouve 300 Renards à point nommé.

Autre addition pour rendre le fait plus incroyable. Selon la suite du texte, Samson a pû avoir quinze jours ou même plus pour ramasser cette quantité de Renards, qui quoique grande ne doit point surprendre dans un pays sec & montueux & où il y a beaucoup de cavernes ; & d'ailleurs Samson peut s'être fait aider dans la recherche de ces animaux.

On trouve de pareils contes à chaque page.

Oui ; quand on y ajoute comme l'Ecrivain tout ce qui est nécessaire pour donner à des faits réels l'air & le ton de fables.

L'ombre de Samuël paroit à la voix d'une Sorciere.

Comment cela s'est-il fait ? L'Ecrivain n'en sait rien ; il peut le chercher dans les Interprêtes. C'est un fort plaisant raisonneur. Il veut prouver que la Religion des Juifs & des Chrétiens est fausse. Pour y parvenir, il ramaſſe des faits rapportés dans leurs livres ; il ne comprend pas la manière dont ces faits ont pû arriver : donc ces livres ſont faux. La meſure de ſon intelligence doit-elle donc décider de ce qui eſt arrivé ou de ce qui n'eſt pas arrivé ? Préſomption. Au reſte que peut-il oppoſer de raiſonnable, quand on lui dira que l'Etre ſuprême, le Dieu des vivans & des morts a voulu faire paroître Samuël pour annoncer à Saül ſa défaite & ſa mort toute prochaine ? Ne le pouvoit-il pas ?

L'ombre d'un cadran recule de dix dégrés à la priére d'Ezechias ; c'eſt Elie qui monte au Ciel dans un chariot de feu ; ce ſont des enfans qui chantent dans une fournaiſe ardente. Que penſer de ces faits contraires au ſens commun ?

Ces faits contraires au ſens commun ? Non ; s'il y a un Dieu qui puiſſe créer de rien les eſprits & la matiere, & qui ſoit le maître de leur imprimer tels mouvemens qu'il lui plaît ; il n'eſt pas contre le ſens commun de croire qu'il a créé tels & tels êtres, & qu'il leur a imprimé, quand il a voulu, tels & tels mouvemens ; lors qu'on en a des témoignages idoines & ſuffiſans. Reſte donc ſeulement à examiner ces témoignages. C'eſt ſur quoi le ſens commun des Deiſtes peut s'exercer. Mais ils montreront qu'ils en manquent, tandis qu'ils croiront pouvoir renverſer des faits rapportés dans les Livres Saints, en diſant, *que l'on trouve de pareils contes à chaque page* ; *que ces faits ſont contraires au ſens commun* ; *que tout eſt dans le goût des fables orientales* ; en s'écriant, *belle avanture!* qui ne sent l'absurdité de ce récit? L'on attend des preuves.

Qu'étoient-ce que les Prophetes? Des gens qui se meloient de deviner pour gagner quelque chose ; comme on en a vu en Europe.

Cela est vrai des Prophetes de Baal & d'autre faux Prophetes ; mais non des Prophetes du Seigneur. Que prétendoit gagner Jacob en prophétisant au lit de la mort? Moyse le plus grand des Prophetes, qu'a-t-il gagné pendant 40 ans? Tout le peuple assemblé rend un témoignage public à Samuël de son parfait desintéressement ; David se méloit-il de prophétiser pour gagner quelque chose ? Basa Roi d'Israel & d'autres ont fait mourir les Prophetes qui leur annonçoient de la part de Dieu les maux qui alloient fondre sur eux à cause de leurs prévarications ; Jesabel a juré la mort d'Elie; les corbeaux le nourrissent, & toute sa succession consiste en un manteau, qui fait toute la fortune d'Elisée ; Isaïe de la race Royale l'un des Princes de Juda . . . . Mais j'oublie que c'est à l'Ecrivain de produire ses preuves, s'il ne veut passer pour calomniateur.

Achaz assiegé dans Jerusalem demande une prophetie à Esaïe.

C'est tout le contraire. Isaïe dit à Achaz de demander un prodige qui lui soit un gage de la délivrance qu'il lui promet de la part de Dieu ; & Achaz par une défiance criminelle qu'il couvre d'un faux respect pour le Seigneur déclare qu'il ne lui en demandera point, de peur qu'il ne paroisse le tenter. Isaïe n'insiste point : mais à cette occasion, il reprend la parole en l'adressant non à Achaz, mais à toute la maison de David: Eh bien! le Seigneur vous donnera lui-même un prodige: *Une Vierge concevra &c.*

Il dit (Isaïe:) Ecce Virgo &c. *Après cette réponse, il couche avec une fille, lui fait un enfant, auquel il donne un nom qui n'est pas Emmanuel. Voilà sur quoi on a fondé le Christianisme.*

Cet Ecrivain suppose qu'il ne sera lû que par des ignorans & par des dupes. Il fait un galimathias de deux Propheties distinctes, & qui ont des objets differens; il prête ensuite un raisonnement ridicule aux Chrétiens; & voilà, dit-il, sur quoi on a fondé le Christianisme. Les Chrétiens seroient-ils donc si dépourvus de sens?

Non. L'*Ecce Virgo*, est le commencement de la Prophetie très-claire par laquelle Isaïe annonce à la maison de David que cette Vierge concevra & enfantera un fils qui sera appellé Emmanuel, qui éprouvera toutes les foiblesses & tous les besoins de l'enfance, & avant qu'il naisse, & qu'il sache dicerner le bien & le mal, les Rois d'Egypte & d'Assyrie reduiront en solitude la terre promise à Abraham, l'héritage de Jacob &c. Voilà le prodige qu'Isaïe annonce à la maison de David. On lit cette Prophetie au Ch. 7. ℣. 14 & suiv. jusqu'au 25. Elle n'annonce que des malheurs à la maison de David, au lieu que la suivante lui prédit une délivrance toute prochaine. Elle commence au Ch. suivant. Le Prophete reçoit ordre de prendre des témoins & d'ecrire en caractéres bien lisible sur un grand rouleau ces mots; *Hâtez-vous d'enlever les dépouilles, prenez vite le butin* Mar-schalal-chaz-baz ; & de donner ce nom composé au fils qui lui naîtra de sa femme ; *parce qu'avant que cet enfant sache nommer son pere & sa mere, la puissance de Damas sera renversée & les dépouilles de Samarie seront enlevées par le Roi des Assyriens* (Teglatphalassar.)

Cette prophétie fut accomplie exactement un an après sa datte ; lorsque l'enfant d'Isaïe n'avoit que trois mois ; mais elle n'a aucune liaison avec la premiere, si ce n'est d'en être un signe & un gage.

Tout est prédiction chez les Juifs, & tout est figuré chez les Chrétiens.

Non ; tout n'est pas prédiction chez les Juifs & tout n'est pas figuré chez les Chrétiens : mais suit-il de là que rien n'est prédiction chez les Juifs, & que rien n'est figuré chez les Chrétiens ? Non. Il faut que les Juifs prouvent leurs prédictions, & les Chrétiens leurs figures ; mais ils le font invinciblement.

L'Ancien Testament pere du Nouveau désavoue son fils.

Quelle est la preuve ?

Les Juifs fidéles à la loi de Moyse détestent le Christianisme.

Equivoque. Les Juifs qui observent quelque partie de la loi ceremonielle de Moyse, & qui sont circoncis, ne sont pas l'Ancien Testament ; non plus que les Deistes baptisés ne sont pas le Nouveau ; & les Juifs ne détestent le Nouveau que parce qu'ils ne comprennent ni l'un ni l'autre. D'ailleurs ; les Deistes sont détestés par toutes les nations qui honorent Dieu par un culte réglé. Donc le Deisme est détestable. La conséquence est-elle bonne ?

On ordonne à Ezechiel 390 jours sur le côté gauche & 40 sur le droit. L'Eternel le lie avec des cordes. Il étoit assurément homme à lier.

Ezechiel n'est point homme à lier, parce qu'il est docile aux volontés de l'Etre suprême. La parfaite sagesse consiste à s'y conformer. Dieu le charge des iniquités des peuples d'Israel & de Juda; il veut que par ces situations pénibles il figure l'état déplorable & humiliant où ils seroient réduits pendant des intervalles différens, mais proportionnés à leurs prévarications; il veut que par les liens dont il le charge il exprime plus vivement le poids de son bras vengeur qui les accablera de maux sans qu'ils puissent s'en tirer jusqu'au terme marqué par ses miséricordes.

Dieu lui ordonne de manger du pain d'orge cuit avec de la merde. Le Prophete le mange. Il se plaint de ce ragoût. Dieu lui permet par accommodement de mêler de la fiente de Vache. C'est donc là un type de J. C. Quel aveuglement, que de se livrer à de pareilles reveries!

Quelle ignorance! quelle indécence dans ce discours! L'Ecrivain qui peut avoir pris sa citation du *livre du Droiturier* dans la Bible françoise de David Martin imprimée à Amsterdam l'an 1707. auroit dû la consulter dans cette occasion. Il y auroit trouvé que Dieu n'ordonne point à Ezechiel de faire entrer des excrémens de l'homme dans la composition de son pain; (cette nourriture feroit horreur;) mais de faire cuire son pain avec des excrémens humains defséchés & brûlés au lieu de bois ; & que fur les remontrances du Prophete, Dieu lui permet d'employer à même fin de la fiente de bœufs: tout cela, non pour être un type de l'Eglife de J. C. mais pour être une figure frappante de l'extrême défolation de tout le pays, d'où fuivroit la famine qui les contraindroit de fe nourrir de chofes fouillées, & dont ils avoient horreur ; & où la difette du bois feroit fi grande, que ceux qui pourroient avoir du pain feroient obligés d'ufer des excrémens des animaux, & peut-être de ceux de l'homme pour le faire cuire.

Les Juifs vainement plus éclairés du tems d'Augufte, commençoient à connoître l'immortalité de l'ame, (Dogme inconnu à Moyfe;) les récompenfes & les punitions après la vie.

Que veut-on fignifier par ces termes, *les Juifs vainement plus éclairés ?* Eft-ce une connoiffance inutile que celle de l'immortalité de l'ame ; des récompenfes & des punitions après la vie ? L'Ecrivain n'ofe trancher le mot ; il le dit tout bas ; il prétend même en donner une bonne preuve, en difant que les Juifs n'ont commencé à connoître ce dogme que du tems d'Augufte. Voilà donc fans enigme à quoi vife le Deifte: à anéantir toute Religion ; fi ce n'eft peut-être l'Idolâtrie: car elles pofent toutes pour bafe l'immortalité de l'ame, les récompenfes & les punitions après la vie. Il eft bon de le retenir, afin de favoir ce que l'Ecrivain veut que l'on entende par fa prétendue Religion naturelle, fur laquelle il ne s'eft expliqué que d'une maniere générale, & fort enveloppée.

Au reſte, il eſt trés-faux que les Juifs n'aient commencé à connoître l'immortalité de l'ame que du tems d'Auguſte, & que ce dogme ait été inconnu à Moyſe.

Il eſt certain que le premier dogme des Phariſiens étoit celui de l'immortalité de l'ame avec ſes conſéquences. Or cette ſecte exiſtoit & étoit très-connue & très-puiſſante plus de cent ans avant le regne d'Auguſte. La ſecte des Aſſidiens ou Eſſeniens qui tenoit le même dogme, remonte de ſoixante & dix ans, où même de 80. au delà de celle des Phariſiens. Ce dogme, en remontant depuis le tems des Maccabées, où il eſt bien marqué, juſqu'au tems de Moyſe incluſivement, n'a jamais été ignoré de la nation. On le trouve plus ou moins clairement marqué dans la plûpart des Prophetes, & ſur-tout dans les Pſeaumes, & très-expreſſément. *Exod.* 32. *Nomb.* 23. voyez *Tob. c.* 2. ⅴ. 18. Les efforts que font quelques nouveaux Proteſtans matérialiſtes pour en douter ne prouvent que leur averſion pour ce dogme.

Ne cherchons point en quel tems ont été écrit les Evangiles. Ce n'eſt qu'après la priſe de Jéruſalem.

Et pourquoi ne pas chercher en quel tems ont été écrits les Evangiles? Afin que l'on croie ſur la parole de l'Ecrivain que ce n'eſt qu'après la priſe de Jeruſalem, c'eſt-à-dire après l'an 70 de l'Ere vulgaire? Non, l'on veut du vrai.

S. Marc a écrit ſon Evangile en l'an 43. de l'Ere vulgaire. S. Matthieu ſelon le témoignage de S. Irenée & de tous les anciens, a écrit le sien avant S. Marc. Ainsi voilà deux Evangiles écrits vingt-huit & trente ans avant la prise de Jérusalem, c'est-à-dire, cinq ou six ans après la mort de Jesus-Christ.

Il faut ajouter à ces deux Evangiles la première Epître de S. Pierre qui a été écrite en l'an 52. C'est un Evangile ; puisqu'il y annonce la mort de J. C. pour le salut de tous les hommes, sa Résurrection, & la nécessité du Baptême & de la Foi en son nom.

Le Décret & la lettre du Concile de Jérusalem sont de l'an 50. Les deux Epîtres de S. Paul aux Thessaloniciens sont de l'an 52. L'Epître aux Galates de l'an 56: Les deux Epîtres aux Corinthiens de l'an 57. Celle aux Romains de l'an 58. Celles aux Philippiens & aux Colossiens en 62, aux Hébreux en 63. Enfin l'Evangile de S. Luc a été écrit en l'année 56, & les Actes des Apôtres en 63.

Voilà presque tous les livres du Nouveau Téstament écrits, huit, dix, quinze, vingt & trente ans avant la prise de Jérusalem. Il ne reste que l'Evangile de S. Jean, son Apocalypse & ses Epîtres qui aient été écrites après la prise de Jérusalem ; mais qu'en veut, ou qu'en peut conclure l'Ecrivain ? S. Jean qui a vécu avec le Sauveur, & qui a été témoin de tout ce qu'il a écrit, est-il moins digne de foi, parce qu'il n'a écrit qu'après la prise de Jérusalem ?

On fait Jesus descendant d'Abraham & de David.

Qui oppose l'Ecrivain ?

Matthieu compte quarante-deux générations

en 2000 ans ; mais dans son compte, il ne s'en trouve que quarante-une. Il se trompe lourdement en donnant Josias pour pere à Jechonias. Voiez le livre des Rois.

Matthieu compte.... Il se trompe lourdement ; ces expressions sont irrespectueuses. L'Ecrivain devoit d'autant plus s'en abstenir qu'il ne fait ici que répéter une vieille objection du Philosophe Porphyre, laquelle n'est fondée que sur l'ignorance. Il y a près de quatorze cens ans qu'elle a été résolue par S. Jérôme sur le 1. Chap. de Daniel.

En effet, d'après le quatrieme livre des Rois. c. 23. & le 2 des Paralip. c. 36. Josias eut pour fils Joachaz & Eliakim. Après la mort de Josias le peuple établit Joachaz sur le trône de son pere. Il ne régna que trois mois ; le Roi d'Egypte établit pour Roi Eliakim second fils de Josias, en changeant son nom d'Eliakim en celui de Joachim (par une *m*) que les Juifs ont appellé *Jechonias*. Ce Joachim dit Jechonias, régna onze ans ; puis fut conduit chargé de chaînes à Babylone où il mourut. Son fils Joakin (par une *n*) dit pareillement *Jechonias*, fut établi Roi à l'âge de 8 ans. Il ne régna que trois mois & dix jours : & fut ensuite transporté à Babylone, où après une dure captivité de 37 ans, il fut traité avec beaucoup d'honneur & de distinction par Evilmerodak Roi de Babylone.

Voilà donc deux Jechonias, le pere & le fils du même nom. Josias a eu pour fils le premier Jechonias, & le second Jechonias a eu pour fils Salathiel. Matthieu ne se trompe donc point en donnant Josias pour pere à Jechonias ; & en même tems, il est clair que c'est l'Ecrivain qui compte mal lorsqu'il ne trouve que quarante-une générations. Il en trouvera quarante-deux en distinguant le Joakim dit Jechonias, qui a été engendré avant la transmigration, du Joachin dit aussi Jechonias son fils qui engendra Salathiel après la transmigration.

Il est vrai que S. Matthieu ne dit pas du premier Jechonias qu'il a engendré le second Jechonias, comme cela est dit de tous les autres ; soit à cause de l'interruption que forme en cet endroit la transmigration de Babylone ; soit qu'à cause de l'identité des noms propres, quelques copistes ayent omis ces mots : *Jechonias autem genuit Jechoniam*, que l'on trouve dans quelques manuscrits ; mais toujours est-il manifeste que dans le texte ordinaire de S. Matthieu il n'y manque aucune personne engendrée, ni par conséquent aucune génération passive, pour former le nombre de 42. L'Ecrivain peut recompter.

Luc dans sa généalogie met 49 générations depuis Abraham.

Erreur de calcul. Il y en a cinquante-cinq, sans y comprendre Abraham. Mais ce n'est-là qu'une vétille. Il n'en est pas de même de la supposition de l'Ecrivain, que la généalogie que donne St. Luc est celle de Jesus par Joseph comme St. Matthieu l'a donnée ; par où il veut insinuer qu'il y a contradiction entre ces deux Evangelistes, l'un ne comptant que 42 générations, & l'autre 49. Mais c'est inutilement. Saint Luc donne la généalogie de J. C. par Marie sa mere, & non par Joseph.

Ces généalogies sont celles de Joseph dont il n'est pas fils.

Cela n'est vrai que de la généalogie que donne St. Matthieu, comme on vient de le dire. Mais celle-ci même prouve très-bien que Jesus est fils de David.

Marie a épousé Joseph. Donc Marie est de la tribu & de la famille de Joseph. Telle étoit la loi parmi les Juifs que toutes les femmes prissent des maris de la même tribu dont elles étoient. *Nomb.* c. 36. C'est pourquoi les Juifs dressoient leurs généalogies seulement par les hommes; car la descendance des maris étant connue, celle des femmes l'étoit aussi. Or dès qu'il est prouvé que Marie est de la tribu de Juda, & de la parenté de Joseph, elle descend comme lui de David; & par conséquent Jesus qui est son fils descend pareillement de David.

L'on diroit sans preuve qu'il y a des exceptions de fait à cette loi que l'on vient de rapporter; mais quand il y en auroit, il faudroit prouver que dans le cas particulier dont il s'agit, la regle ordinaire n'a pas été suivie; ce que l'on ne fera pas. Puisque St. Paul aux Hébreux c. 7 dit nettement, *qu'il est manifeste que Notre Seigneur tire sa naisance de Juda.* Donc de David. Et aux Romains c. 1. ℣. 3. il dit expressément que le Fils de Dieu (Jesus) est de la race de David selon la chair. *Apocalyps.* c. 5. ℣. 5. & c. 22. ℣. 16. Jesus dit lui-même qu'il est sorti de la racine & de la race de David. Cela avoit été prédit ainsi *Genes.* c. 49. ℣. 10. & *Isaie* c. 11. ℣. 1. *Egredietur virga de radice Jesse*, &c.

Seroit-

Seroit-on reçu dans un Chapitre d'Allemagne sur de telles preuves de Noblesse.

Assurément : s'il étoit établi que la seule descendance d'une souche noble suffit pour y être admis, des preuves de Noblesse de l'espece de celles que St. Matthieu & St. Luc produisent pour J.C. suffiroient ; parce qu'elles prouvent bien que Jesus descend du Roi David.

Et c'est du Fils de Dieu dont il s'agit ! & c'est Dieu qui est lui-même auteur du livre !

Oui ; & après ce qui vient d'être dit, l'on sent tout le ridicule de ces exclamations.

Après la naissance de Jesus né dans un étable, trois Mages virent son étoile en Orient ; ils suivent cette étoile qui s'arrête sur Bethléem. Le Roi Herode ayant appris ces choses, fait massacrer tous les petits enfans au-dessous de deux ans. Quelle horreur plus ridicule !

Ce massacre fait sans doute horreur. Mais il ne paroît ridicule que parce que l'Ecrivain en supprime l'occasion & le motif.

Les Mages viennent à Jérusalem ; ils demandent où est né le Roi des Juifs, & disent qu'ils sont venus l'adorer. Herode informé du sujet de leur voyage, en est troublé, & toute la ville avec lui ; il assemble les Princes des Prêtres & les Scribes, pour savoir d'eux où le Christ devoit naître : ils lui répondent que c'est à Bethléem ; Herode prend les Mages en particulier, & s'informe avec soin du tems que l'étoile leur étoit apparue, & en les congédiant il leur dit : Informez-vous exactement de cet enfant, & lorsque vous l'aurez trouvé, faites-le-moi savoir, afin que j'aille aussi l'adorer moi-même ; les Mages vont à Bethléem, adorent l'enfant, lui

D

font leurs préſens, & s'en retournent en leur pays par un autre chemin que par la ville de Jéruſalem ; Herode voyant que les Mages s'étoient mocqués de lui, entra dans une grande colere, & il envoya tuer dans Bethléem & en tout le Païs d'alentour tous les enfans âgés de deux ans & au-deſſous, & non-ſeulement ceux qui étoient au-deſſous de deux ans, comme le dit l'Ecrivain qui ne peut être exacte dans les choſes même indifférentes.

Il a ſenti que s'il montroit tout cela au moins en abrégé, l'on verroit évidemment qu'une cruelle défiance avoit porté Herode au maſſacre dont il s'agit, & par conſéquent que le narré de l'Evangéliſte n'étoit nullement ridicule. Au reſte, on l'a déja dit : ce maſſacre fait horreur ; mais l'Hiſtorien n'en eſt point comptable.

Matthieu ajoute que le pere & la mere emmenerent le petit Jeſus en Egypte, & y reſterent juſqu'à la mort d'Herode : Luc dit au contraire que Joſeph & Marie reſterent paiſiblement durant ſix ſemaines à Bethléem, & qu'ils allerent à Jéruſalem; de-là à Nazareth ; & que tous les ans ils alloient à Jéruſalem.

Il eſt fort aiſé que l'Ecrivain trouve des contradictions où il n'y en a pas. Il fait dire à St. Matthieu que le pere & la mere de Jeſus l'emmenent en Egypte dans le même tems qu'il reſtent paiſiblement à Bethléem pendant ſix ſemaines ; c'eſt-à-dire, juſqu'à la Purification.

Mais il n'en eſt pas ainſi. Jeſus n'a été porté en Egypte qu'après la Purification de Marie. Voici les faits dans l'ordre qu'ils ſont arrivés.

Jesus né le 25 Décembre est circoncis le 1. Janvier suivant, adoré des Mages à Bethléem le 1. Février. Les Mages partent de Bethléem le 2. & ce jour même Jesus est présenté au Temple à Jérusalem, d'où Bethléem n'étoit éloigné que d'une bonne lieue. La nuit du 2 au 3 Joseph est averti de fuir en Egypte avec Jesus & sa mere. Il part la nuit même. Le même jour 3, Herode envoie à Bethléem pour savoir ce que sont devenus les Mages ; & informé qu'ils sont partis de Bethléem la veille dès le matin, ce Prince soupçonneux & cruel envoie le 4 mettre à mort tous les enfans de Bethléem âgés de deux ans & au-dessous ; fait mourir son fils Antipater le 5, dépêche un Messager à Rome pour en informer Auguste. Il meurt le 9 Février. Joseph en est averti en Egypte, revient aussi-tôt dans le tems d'Israël, & fixe sa demeure à Nazareth.

L'on oppose à cette suite ce que dit St. Luc : qu'après que Joseph & Marie eurent accomplis à Jérusalem tout ce que la Loi exigeoit pour la purification des femmes au 40e. jour après leurs couches, ils s'en retournerent en Galilée à Nazareth leur demeure ordinaire, sans faire aucune mention de leur fuite en Egypte arrivée entre tems.

Non, St. Luc ne fait aucune mention de ce voyage très-court, non plus que de l'arrivée & de l'adoration des Mages, St. Matthieu qui avoit écrit avant lui l'ayant rapporté ; & pour ce qui est du retour de Joseph & de Marie à Nazareth, pour y fixer leur demeure, il est marqué dans tous les deux Evangélistes.

Ces Evangelistes se contredisent sur le tems de la vie de Jesus, sur ses prédications, sur le jour de la Cene, sur celui de sa mort; sur les apparitions après sa mort, en un mot, sur presque tous les faits.

Tout cela est dit sans preuves, & par conséquent n'a pas besoin de réfutation. Au reste, si l'Ecrivain veut être instruit, il peut lire la Concorde Grecque-Latine de Mr. Toynard, imprimée à Paris en 1707, & l'Harmonie des 4 Evangelistes par Dom Calmet en 1715.

Il y avoit 49 Evangiles faits par les Chrétiens du premier siecle.

49 Evangiles faits dans le premier siecle! C'est trop au moins de 43. Car excepté les quatre Evangiles canoniques dont on a parlé ci-dessus, l'on n'en connoît que deux desquels on puisse dire avec quelque probabilité qu'ils ont été faits dans le premier siecle: sçavoir, l'Evangile selon les Hébreux, appellé aussi de Nazaréens; de St. Pierre & des douze Apôtres; & l'Evangile selon les Egyptiens, qui peut avoir été composé par les Chrétiens d'Egypte peu de tems après la mort de St. Marc.

A l'égard du nombre des Evangiles & autres Livres apocryphes composés dans les second & troisieme siecles; il est grand assurément. Mais qu'en peut-on conclurre contre la vérité de la Religion Chrétienne? Elle n'a point été établie sur des Livres, pas même sur les Livres Canoniques faits, comme on l'a montré, par des Auteurs contemporains du Sauveur; mais sur la foi en J. C. prêchée par les Apôtres & ses Disciples. Voilà son fondement. Toutes les Puissances de la terre & de l'enfer réunies, n'ont pu & ne pourront la renverser.

Mais dans ceux (les Evangiles) qu'on a jugé à propos de choisir, que d'inepties, que de choses puériles & absurdes !

Voyons.

La premiere avanture de Jesus, c'est-à-dire du Fils consubstantiel au vrai Dieu, c'est d'être enlevé par le diable.

Non, ce n'est point là sa premiere avanture. Il a été reconnu & adoré par les Mages venus d'Orient, porté en Egypte pour fuir la cruauté d'Herode ; il a été trouvé dans le Temple assis au milieu des Docteurs à l'âge de douze ans ; il a été baptisé par un grand Prophête, & par lui annoncé pour le vrai Messie attendu des Juifs ; le St. Esprit est descendu sur lui en forme de colombe, & il a reçu de Dieu son Pere ce témoignage glorieux, qu'il étoit son Fils bien-aimé en qui il avoit mis sa complaisance ; il a été conduit par l'Esprit saint dans le desert où il a jeûné 40 jours pour nous enseigner la maniere dont il faut se préparer à soutenir les tentations ; ce n'est qu'après tout cela qu'il a bien voulu être transporté par l'esprit impur sur une montagne & sur le haut du Temple.

Ce profond abaissement de Jesus qui ne refuse pas de se laisser transporter par le démon révolte l'Ecrivain. Mais puisque Jesus consent d'être attaché à une croix par les Juifs, qui n'étoient en cela que les instrumens du démon ; quelle absurdité y a-t-il qu'il lui permette de transporter son corps sur une montagne ?

Mais cela convient-il au Fils confubstantiel au vrai Dieu ? Non, s'il n'étoit pas Dieu & homme en même tems, revêtu d'un corps femblable au nôtre : mais fi par une bonté & une miféricorde qui méritent toute notre reconnoiffance, il a bien voulu fe revêtir d'un corps mortel, ou plutôt, puifqu'il a bien voulu livrer ce corps aux outrages des hommes & du démon même ; puifqu'il a voulu livrer ce corps aux douleurs & à la mort pour la redemption du genre humain ; eft-ce un titre à des efprits auffi pleins de ténebres que d'orgueil, pour blafphemer ce qu'ils ignorent, ou qu'ils affectent d'ignorer ?

Le myftere d'un Dieu homme chargé d'opprobres & d'ignominies, & mort fur une croix, a toujours été un fcandale aux Juifs, & a paru une folie aux Gentils ; mais cela n'a pas empêché St. Paul ni les autres Apôtres de le prêcher ; parce que c'eft par la folie de la croix qu'il a plu à Dieu de fauver ceux qui croiront en J. C. fon Fils unique.

L'Ecrivain non plus que Celfe, Porphyre, Julien l'Apoftat & autres monftres, à la fuite defquels il fe met, & dont il veut faire valoir les preuves contre la Religion Chrétienne, cét Ecrivain ne veut point reconnoître l'Incarnation du Fils de Dieu, parce qu'il ne comprend pas comment la nature divine & la nature humaine pourroient être unies en une feule perfonne. Or il ne comprend pas plus la nature d'un Etre fuprême, comment il n'a aucun principe de fon être, mais qu'il eft à lui-même le principe & la fource de fon exiftence ; comment il tire des êtres du néant : il croit cependant, ou fait semblant de croire qu'il existe un Etre suprême sans principe, & qui a créé toutes choses de rien. L'on peut donc & l'on doit croire des choses que l'on ne comprend pas, pourvu que l'on ait de bonnes preuves de leur existence.

Il est donc contre le bon sens de prétendre renverser la Religion Chrétienne, parce que l'on ne comprend pas le mystere de l'Incarnation, ou quelqu'autre qu'elle fait profession de croire, pourvu qu'elle donne de bonnes preuves de l'existence de ces mysteres. C'est donc inutilement que l'Ecrivain s'efforce de multiplier les prétendues contradictions & incompatibilités de ces mysteres. En affectant d'y répandre du ridicule, il ne fait que s'en charger.

Jesus est emporté sur une montagne où on lui montre tous les Royaumes de la terre. Quelle est cette montagne où l'on découvre tant de païs? Nous n'en savons rien.

Question puérile. Comme s'il falloit s'imaginer que Satan ait cherché la plus haute montagne du monde, & qu'il ait réellement montré de-là à J. C. tous les Royaumes de la terre? Il suffisoit que du sommet d'une haute montagne il lui marquât : De ce côté est l'Empire Romain ; ici l'Empire des Perses, &c. Je suis maître de ces Etats, comme Prince du monde, & je les donne à qui je veux. Dom Calmet *hîc*.

Le diable n'est pas connu dans les livres de Moyse. Il joue un grand rôle dans l'Evangile.

Pourquoi l'Ecrivain n'oppose-t-il à l'Evangile que les livres de Moyse, & non tous les livres de l'ancien Testament ? parce qu'il est trop connu que dans plusieurs il est fait mention du diable ; & en particulier dans le livre de Job qui est à peu près de la même antiquité que le Pentateuque ? Mais, soit : la preuve est donc faite à l'égard des autres livres que ceux de Moyse ; & elle suffit pour détruire ce que l'Ecrivain insinue artificieusement, que le diable n'est connu que depuis l'Evangile.

Mais il l'est encore dans les livres de Moyse. Les démons sont marqués par leurs noms *Levit* c. 17. & *Deuteron* c. 32. D'ailleurs qu'est-ce que Moloch, *Levit.* 20. Beelphegor, *Nomb.* 25. sinon des démons ? Ceux qui inspiroient les Pythons, & ceux qui répondoient aux Necromantiens, *Deut.* 18. n'étoient-ils pas des démons ? Ne sont-ils pas marqués *Exod.* c. 7 & 8. lorsqu'il est dit que les Magiciens *par leurs enchantemens & leur art occulte* ont changé leurs verges en serpents, des eaux en sang, & produit des grenouilles ?

Jean rapporte que Jesus va à une nôce, & qu'il y change l'eau en vin ; qu'il chasse du Temple ceux qui vendoient des animaux pour les sacrifices ordonnés par la loi.

Aller à une nôce & y changer l'eau en vin pour fournir au repas, n'est point un mal apparemment : & si Jesus chasse du Temple ceux qui vendoient des animaux pour les sacrifices, c'est qu'ils en profanoient la sainteté par leur trafic, & qu'à cette occasion l'on y exerçoit l'usure tout publiquement. Cela est marqué par les tables ou bureaux des Changeurs que Jesus renversa.

Toutes les maladies étoient alors des possessions du diable.

La diminution du pouvoir du démon sur les corps est un des plus sensibles effets de la venue du Messie. C'est aveuglement de ne le pas reconnoître ; & si on le reconnoît, c'est insensibilité que de ne pas lui en rendre graces.

L'on sait bien que les prétendus esprits forts traitent d'illusions toutes les opérations des Anges bons & mauvais, aussi bien que leur existence. Mais ils savent bien aussi, ou doivent savoir que toutes les personnes de bon sens & de toutes sectes, selon leur expression, n'ont pour eux qu'un souverain mépris ; & que l'incrédulité qu'ils affectent, passe pour la marque assurée d'une profonde dépravation d'esprit & de cœur.

L'incrédulité produit-elle aussi l'impudence ? Toutes les maladies étoient-elles donc alors des possessions du diable ? Jesus guérit la belle-mere de St. Pierre d'une grosse fievre, *Marc* 1. *Luc* 4. Des malades de différentes maladies, *Matth.* 8 & *Luc* 4. Un lépreux, *Luc* 5. Un paralytique couché sur son grabat, *Matth.* 9. Un homme infirme depuis 38 ans auprès de la piscine Probatique ou des brebis, *Joan.* 5. Un autre qui avoit une main seche, *Luc.* 6. De grandes troupes de malades venus de Galilée, de Judée, des environs de Tyr & de Sidon, *ibid.* Un lépreux, *Matth.* 8. Le serviteur paralytique du Centurion, *ibid.* Un aveugle & muet, *Matth.* 12. L'hémorrhoïsse, *Luc.* 8. Toutes sortes de malades que l'on mettoit dans les places, *Matth.* 14. Un sourd & muet, *Marc.* 7.

Un aveugle, *Marc.* 8. Une femme courbée depuis 18 ans, *Luc* 13. Un hydropique. *Luc* 14. L'aveugle né, *Joan.* 9. L'aveugle de Jéricho, *Luc* 18. Les dix lépreux, *Luc.* 17. Toutes les maladies étoient elles donc alors des possessions du diable ?

Jesus donne permission à ses Apôtres de chasser les diables.

Oui ; mais en premier lieu, de guerir les malades, de purifier les lépreux, de ressusciter les morts, *Matth.* 10. *Luc.* 10, &c.

Il délivre un possedé qui avoit une légion de démons ; il les fait entrer dans un troupeau de cochons qui se précipite dans la mer.

Pourquoi altérer les faits ? Il n'est point dit que le possédé délivré par Jesus, avoit une légion de démons, mais que le démon répondit à Jesus : *Mon nom est Légion, parce que nous sommes plusieurs. Marc.* 5. Jesus ne fait point entrer ces démons dans le troupeau de cochons ; mais il le leur permet, pour montrer plus évidemment sa puissance sur ces esprits de ténébres ; auxquels par conséquent, l'on peut attribuer le dommage que souffrent les propriétaires de ces cochons qui se précipitent dans la mer.

Il guérit un aveugle qui voit des hommes, comme si c'étoient des arbres.

Le Texte donné de suite, fera disparoître le ridicule dont on veut charger cette guérison. *Marc.* 8. ℣. 22. On amene à Jesus un aveugle qu'on le prie de toucher. Il lui met de sa salive sur les yeux, & lui ayant demandé s'il voyoit quelque chose, (il ne voyoit encor que confusément.) Cet homme regardant, lui dit : Je vois marcher des hommes qui me paroiffent comme des arbres. Jefus lui mit encor une fois les mains fur le yeux, & il fut tellement guéri, qu'il voyoit diftinctement toutes chofes. Cette guérifon entiere, quoique fucceffive, ne fournit donc par elle-même aucune occafion de raillerie ; l'Écrivain fe deshonore donc à pure perte.

Jefus veut manger des figues en hyver. N'en trouvant point fur un figuier, il maudit l'arbre, & le fait fécher. Le Texte ajoute avec prudence : Ce n'étoit point le tems des figues.

Non pas en hyver ; mais au printems, le 31 Mars, ou le 1 Avril. Le tems ordinaire des figues en Paleftine, comme ailleurs, eft la fin de l'été & le commencement de l'Automne ; mais ce qui eft plus rare en beaucoup de pays, il y a en Paleftine des figues printanieres. Cela eft prouvé par les auteurs profanes & facrés.

Lorfque Jefus vit de loin un figuier qui avoit des feuilles, ce n'étoit point la faifon ordinaire des figues, car c'étoit le 31 Mars, felon M. Toynard dans fa Concorde évangélique ; mais ce figuier avoit l'apparence de porter au moins des figues précoces. Jefus va au figuier, fachant bien qu'il n'y en avoit pas ; mais pour tirer de là une inftruction importante. Il maudit le figuier avec fes apparences trompeufes, & cet arbre fecha. Jefus-Chrift ne remarque dans les Juifs qu'une belle montre, mais fterile en bonnes œuvres. C'eft ce qui lui fait prononcer contre eux un arrêt terrible de condamnation & de malédiction. Y a-t-il là matiere à blafphemer contre Jefus-Chrift ?

Jesus se transfigure pendant la nuit. Fait venir Moyse & Élie.

Cette circonstance que la transfiguration arriva pendant la nuit, n'est point dans l'Évangile. C'est une conjecture de Luc de Bruges & de quelques autres, laquelle ne suffit nullement pour quereller un fait qui est attesté par trois témoins.

Les contes des sorciers sont-ils plus impertinents ?

Quelque merveilleux que soient les faits, on ne les détruit pas en leur donnant l'air de fables ou de contes de sorciers ; c'est en montrant qu'ils sont dénués de preuves suffisantes. L'Ecrivain ne peut l'apprendre : tant pis pour lui.

Jesus dit des injures atroces aux Pharisiens.

Ils les méritoient ; & Jesus avoit toute l'autorité nécessaire pour les leur dire.

Enfin traduit par eux en justice, il est supplicié.

Oui ; Contre toutes les regles de la justice, son Juge l'abandonne à la fureur de ses ennemis, après qu'il a déclaré plusieurs fois publiquement qu'il ne trouve en lui aucune raison de le faire mourir & qu'il est innocent du sang de ce juste : & l'Ecrivain s'autorise d'une telle procédure !

On nous dit, qu'à sa mort, la terre a été couverte d'épaisses ténébres en plein midi & en plein jour. Aucun Historien du tems n'a fait mention d'un si étrange miracle.

Il y en avoit assurément d'autres que les Evangélistes ; puisque Tertullien renvoye les Payens aux archives publiques pour y trouver la nuit arrivée en plein midi au temps de la passion du Seigneur.

Mais S. Matthieu, S. Marc, & S. Luc qui font uniformes, & auteurs du tems suffisent pour attester le fait. En matiere d'histoire profane l'on s'en rapporte à un auteur contemporain non récusable d'ailleurs, quoique tous les autres se taisent. Et ici, parceque le fait rapporté par trois auteurs du tems a trait à établir la Divinité de Jesus-Christ, l'on oppose le silence des autres. D'où vient cette conduite si différente & si peu sensée ?

On le dit ressuscité.

On le dit, & on le prouve. L'Ecrivain peut voir entr'autres un livre qui a pour titre : *Les Temoins de la Résurrection de J.C.; par le Sr. Sherlok Evêque de Londres. Paris. 1753.*

On prédit la fin du monde qui n'est point arrivée.

Equivoque. Jesus-Christ n'a point annoncé la fin du monde pour un tems déterminé; mais il a prédit très-distinctement la ruine de Jérusalem, & du Temple ; & que la fin du monde seroit devancée & préságée par des signes & des événemens considérables, auxquels il a voulu nous rendre attentifs.

La secte de ce Jesus subsiste cachée.

Elle subsiste cachée ! Quel front que celui de l'Ecrivain ! La Mort, & la Résurrection de J.C. & la foi en son nom est aussitôt annoncée hautement & publiquement dans Jérusalem à toutes les nations, aux Parthes, aux Medes, aux Elamites ou Persans, à ceux de Mésopotamie, de Judée, de Cappadoce, du fond de l'Asie, de Phrygie, de Pamphylie, d'Egypte, de Lybie, de Cyrene, de l'Italie, de l'Isle de Crête, & d'Arabie; il y en a trois mille de baptisés.

Peu de jours après à l'occasion de la guerison d'un boiteux dès sa naissance, les Apôtres Pierre, & Jean rendent un témoignage authentique à la résurrection de Jesus, & cinq mille hommes croyent en son nom. Tout de suite le nombre des Fideles augmente, & les Apôtres opérent tant de miracles en son nom, que de Jérusalem & des villes voisines on leur apporte les malades qu'ils guerissent tous. Ils préchent la foi en J. C. avec tant de publicité qu'ils sont mis en prison, & qu'on les fait comparoir devant le Conseil. Ils rendent raison de la Doctrine qu'ils annoncent, & sur la remontrance, qu'on leur avoit déja défendu de parler au nom de J. C. ils répondent librement, qu'il faut obéir à Dieu plutôt qu'aux hommes. On les fait fouetter en présence même du Conseil ; & ils se réjouissent de ce qu'ils ont été outragés pour le nom de Jesus : *Et sa secte subsiste cachée ?*

Dès avant l'an 52 de l'Ere vulgaire, Saint Pierre avoit prêché la foi dans le Pont, la Galatie, la Cappadoce, l'Asie & la Bithynie ; les autres Apôtres dispersés l'annonçoient en même tems en tous lieux ; St. Paul avant l'an 64. l'avoit répandue dans la Syrie, & en Arabie dans la Cilicie, en Chypre. à Antioche de Pisidie, dans la Pamphylie, dans la Galatie, dans toute la Macedoine, dans l'Asie mineure, dans l'Isle de Malthe, en Candie, à Rome, en un mot, depuis Jérusalem jusques dans l'Illyrie : *Et la secte de ce Jesus subsiste cachée ?*

Le fanatisme s'augmente.
Les blasphemes se multiplient.
On n'ose pas d'abord en faire un Dieu. Mais

bientôt après on s'encourage. On amalgame le Platonisme avec la secte Pharisienne. On fait de Jesus le Logos, le Verbe de Dieu, puis consubstantiel à son Pere.

Le Déiste a apparemment quelque bonne preuve de ce qu'il débite ici avant tant de confiance ? Aucune. Or il doit savoir que quand un Ecrivain forme une accusation grave, le bon sens veut qu'il y ajoute au moins une des preuves principales qui peuvent l'établir, sans quoi il passera pour un vain discoureur. Ainsi ce qui est ici hazardé restera pour ce qu'il est, pour une folle imagination.

Et comment produiroit-on des preuves pour la réaliser ? L'Apôtre St. Jean n'étoit assurement ni Pharisien, ni Philosophe Platonicien; ce pêcheur n'a donc pas amalgamé les opinions du Pharisaïsme & du Platonisme, pour en composer un corps de Doctrine : & cependant, voici comme il débute : *Au commencement étoit le Verbe Logos, & le Verbe étoit en Dieu, & le Verbe étoit Dieu... Tout a été fait par lui ... Il étoit la véritabre lumiere ... Le monde qui a été fait par lui, ne l'a point connu ... Il a donné à ceux qui l'ont reçu, & qui croyent en son nom, le pouvoir d'être faits enfans de Dieu ... Et le Verbe (qui étoit plein de grace & de vérité) a été fait chair, & il a demeuré parmi nous, & nous avons vu sa gloire (par sa transfiguration, par ses miracles, par sa Résurrection, par son Ascension) la gloire, dis-je, qui est propre au Fils unique, qui procede du Pere.*

On imagine la Trinité ; & pour la faire

croire on *falfifie les premiers Evangiles.*

A une accufation auffi fauffe, le Pere Valérien, Capucin, auroit répondu autrefois, *Mentiris impudentiffimè.* La réponfe ne feroit pas déplacée. Je remarquerai feulement à cette occafion que l'Ecrivain reconnoit donc que les 4 Evangiles qu'il a dit cidevant avoir été choifis entre les 49, font les premiers, & par conféquent qu'ils ont du être préférés.

On ajoute un paffage touchant cette Trinité.

Il veut dire que l'on a ajouté à la premiere Epitre de St. Jean ces mots: *Tres funt qui teftimonium dant in cœlo, Pater, Verbum, & Spiritus fanctus, & hi tres unum funt.* Il eft fi peu au fait des difficultés qu'il forme, qu'il eft fenfible qu'il ne les a vues que fur l'étiquette qu'on lui a fournie. Au fond, la falfification de la premiere Epitre de St. Jean n'eft pas plus réelle que celle des premiers Evangiles. Si l'Ecrivain veut s'en convaincre, il peut confulter entr'autres livres celui qui a été imprimé à Paris en 1746. *in fol.* fous ce titre: *Divinitas Domini noftri Jefu Chrifti manifefta in Scripturis & Traditione.* L. 1. part. 2. c. 19.

On falfifie l'Hiftorien Jofeph. On a fuppofé des vers des Sybilles. On a mis en œuvre artifices, fraudes impoftures.

Il eft vrai que dès la fin du premier fiecle, & fur-tout dans le fecond, le pere du menfonge qui a fufcité de faux Chrifts, de faux Prophètes, & de prétendus faifeurs de prodiges pour décréditer Jefus-Chrift & fes vrais miracles, a fufcité en même-tems des impofteurs qui ont corrompu les vraies Ecritures,

tures, & qui en ont composé de fausses pour diminuer l'autorité de celles qui étoient l'ouvrage du St. Esprit : l'on ne veut pas même contester qu'il n'y ait eu des personnes pieuses peu instruites, qui à bonne intention ayent supposé des livres à des auteurs célébres, & aux Payens des vers des Sybilles & des Oracles ; mais la Religion Chrétienne n'a point été établie sur ces fausses piéces : elle ne l'a pas même été sur les Ecritures vraies & divines. On l'a déja dit ; c'est sur la Foi annoncée par les Apôtres ; & l'Eglise de Jesus-Christ fondée sur cette Foi n'a jamais adopté pour livre canonique & divin, que ceux qu'elle a reçus par cette même voie.

Après cela, que quelques particuliers se soient avisés à bonne ou mauvaise intention d'alterer les vraies Ecritures, ou d'en fabriquer des fausses ; cela n'a point de trait à la formation & à l'établissement de la Religion Chrétienne.

Au bout de 300 ans, l'on vient à bout de faire reconnoitre ce Jesus pour Dieu.

Pendant 300 ans & depuis son établissement, l'Eglise de Jesus-Christ professoit sa divinité hautement, publiquement, uniformément, & en tous lieux : il vient un suppôt du demon, un Arius la lui contester en soutenant, *qu'il n'a pas toujours été & qu'il est une créature ;* de toutes parts le cri de la foi s'éléve contre ces blasphêmes ; l'ancienne foi repousse la nouveauté profane ; Arius avec son dogme est universellement détesté, condamné & anathématisé par décret d'une très-grande & très-respectable assemblée où assistoient des Saints qui avoient confeſſé la divinité de Jeſus-Chriſt devant les Tribunaux, & qui portoient ſur leurs corps des marques glorieuſes de leur Confeſſion, & cette condamnation deviendra un titre aux nouveaux Ariens pour y établir que Jeſus n'a été reconnu Dieu qu'après 300 ans? Quel étrange renverſement d'eſprit! Très manifeſtement, la condamnation d'Arius au Concile de Nicée eſt une preuve ſans replique qu'auparavant toute l'Egliſe tenoit une doctrine contraire à celle qu'il a avancé. Or Arius prétendoit que le Fils (Jeſus-Chriſt) n'avoit pas toujours été, & qu'il étoit une créature. Donc très-évidemment, toute l'Egliſe avant le Concile de Nicée croyoit & enſeignoit que le Fils avoit toujours été; qu'il n'étoit point une créature, & qu'il étoit vrai Dieu de Dieu, comme il eſt porté au Symbole de ce Concile.

On pouſſe l'extravagance juſqu'à mettre ce Dieu ſous un morceau de pâte.

Des injures ne ſont pas des réponſes aux preuves ſans nombre, qui établiſſent la préſence réelle de Jeſus-Chriſt dans l'Euchariſtie.

Il eſt mangé des ſouris, digéré, rendu par les excremens.

Jeſus-Chriſt Dieu & Homme eſt réellement & ſubſtantiellement dans l'Euchariſtie ſous les apparences du Pain & du Vin. Voila ce que la Foi enſeigne & ce que l'Egliſe a toujours cru. Que devient le corps de Jeſus-Chriſt s'il arrive que l'Hoſtie ſoit mangée des ſouris? Ce corps eſt-il digéré? &c. La foi ſe tait ſur ces queſtions. Elle défend seulement d'y répondre d'une maniere qui donne atteinte à la préfence réelle & fubftantielle, ou qui fuppoferoit des états incompatibles, ou indecents au Corps glorieux de Jefus-Chrift tels que feroient d'être digeré, &c. Ces bornes pofées elle permet de chercher des explications. L'on en trouve de très-plaufibles dans differens Auteurs qui ont traité la matiere. L'Ecrivain peut y recourir.

Et on foutient qu'il n'y a point de Pain dans l'Hoftie (après la confécration), *que c'eft Dieu qui s'y eft mis à la voix d'un homme.*

On le foutient & on le prouve. On l'a deja dit ; l'Ecrivain veut-il qu'on lui répéte, que les prétendues contradictions & incompatibilités que l'efprit humain apperçoit dans des faits, dans des êtres, ou leurs proprietés, & qualités; dès que leur exiftence & leur réalité font bien établies, ces prétendues contradictions & incompatibilités font évidemment infuffifantes pour faire douter de ces faits, de ces êtres, ou de leurs proprietés.

Tant de fuperftitions inondent l'Églife. La rapine y préfide ; on vend la rémiffion des péchés ; on vend les Indulgences ainfi que les bénéfices, & tout eft à l'enchere.

Vaine déclamation. Il peut y avoir des fuperftitieux dans l'Eglife ; elle les défapprouve : fes Miniftres n'ont peut-être pas tous tout le défintéreffement qu'elle leur prefcrit ; elle les condamne : mais en conféquence des abus qui peuvent fe commettre dans l'Eglife, la charger elle-même de fuperftitions, de rapines, &c. c'eft abboyer en l'air.

Cette Secte se partage en une multitude de Sectes.

L'Eglise de Jesus-Christ n'est point une Secte. Ce nom ne convient qu'aux Sociétés d'Hérétiques & de Schismatiques qui sont sortis d'elle & qui s'en sont séparés, ou qu'elle a retranchés de son corps. Il y a beaucoup de ces Sociétés, il est vrai ; mais cette multitude est étrangere à l'Eglise de Jesus-Christ, & n'intéresse point son unité.

Dans tous les tems on se bat, on s'égorge, on s'assassine ; les Rois, les Princes sont massacrés. Tel est le fruit de l'arbre de la Croix.

Le fruit de l'arbre de la Croix est la foi en Jesus-Christ le Sauveur & le Redempteur du genre humain ; cette foi est le fondement & la racine de la véritable justice qui conduit au salut. Et cette justice est propre & essentielle à l'Eglise, mais non pas à tous & à chacun de ses membres. Il y en a de gâtés, de pourris à différens dégrés ; elle en est affligée ; elle menace de les retrancher de son corps ; elle les exhorte ; elle les presse de se purifier par les eaux salutaires de la Pénitence ; mais elle n'est point infectée de leur corruption : elle demeure sainte & sans tache.

Au reste, attribuer les assassinats, les meurtres & les massacres des Princes à ceux qui font profession de la Religion Chrétienne, plutôt qu'aux Deistes, aux Musulmans, aux Payens, &c. C'est abuser de la patience de ses Lecteurs.

Il est vrai que nos Peres se sont défaits de quelques erreurs & de quelques superstitions. Mais l'ouvrage est imparfait. Nous n'avons encore brisé que quelques doits de l'Idole.

Cela veut dire qu'au gré de l'Ecrivain, ses Peres les Lutheriens, Calvinistes, Zuingliens, Anabaptistes . . . . n'ont pas poussé assez loin leur fureur contre l'Eglise Romaine.

En Angleterre, & en Allemagne, il y a des sages qui ne demandent qu'à éclater.

Dans le langage de l'Ecrivain, cela signifie que dans ces Païs, il y a des hommes qui n'ont aucune Religion. Cela peut être. Tant pis.

Pourquoi ne pas adorer Dieu en esprit & en vérité ?

Comme si les Chrétiens ne l'adoroient pas ainsi.

Pourquoi enseigner ce que l'on ne croit pas, & se rendre coupable envers Dieu d'un péché énorme ?

L'Eglise n'enseigne que ce qu'elle croit. Si quelqu'un de ses Ministres enseigne en son nom ce qu'elle croit, mais qu'il ne croit pas lui même ; il se rend coupable envers Dieu d'un péché énorme : non parce qu'il enseigne ce qu'il ne croit pas, comme le décide le plaisant Casuiste ; mais parce qu'il ne croit pas ce qu'il enseigne.

Nos Peres ont déja oté au peuple la transsubstantiation ;

Bel exploit entre autres.

L'Adoration des créatures.

Vieille imposture mille fois détruite.

La Confession auriculaire, les Indulgences, les exorcismes.

C'est féliciter de misérables séducteurs

d'avoir réuffi à faire de très-grands maux.

Les faux Miracles, les Images ridicules.

Les favans critiques & les fages Pafteurs de l'Eglife Catholique ont pourvu à ces deux objets : l'amour du vrai & de la décence ne fut jamais une qualité des prétendus réformateurs. Ils font connus.

Il faut avoir le courage de faire quelques pas.

C'eft-à-dire, d'abandonner le peu de Religion qui refte aux Lutheriens, Calviniftes, &c. Quelle exhortation, bon Dieu !

Le peuple recevra fans peine un culte fage & fimple d'un Dieu unique, tel qu'Abraham & Noé le profeſſoit.

Le difcoureur ne fe fouvient pas qu'il a prétendu au commencement de fa harangue que les livres des Hébreux étoient faux. Il y veut établir à préfent un culte tel qu'Abraham & Noé le profeſſoient. Or Noé & Abraham dreſſoient des Autels & immoloient à Dieu des animaux ; ils diftinguoient les animaux immondes de ceux qui étoient purs, & qui pouvoient être offerts en facrifice : Abraham fe circoncifit & toute fa Famille. Eft-ce là le culte fimple & fage que l'on veut ramener ? Abraham voioit des Anges ; il en recevoit des ordres, il les executoit ; il croioit qu'il devoit pouſſer fa foumiſſion aux volontés de Dieu jufqu'à lui offrir fon propre fils en holocaufte. l'Ecrivain eft fans doute bien éloigné de ces vifions & de cette docilité. Mais enfin quel culte veut-il établir?

Tel que les Sages de l'Antiquité l'ont pratiqué.

Quels Sages ? Socrate & autres Philofophes ? Eux qui au fond ennemis de tout culte & fans Dieu en ce monde, profefsoient néanmoins le culte abominable des Idoles ? Ce n'est point cela apparemment ; C'est un culte

Tel qu'il est reçu à la Chine par tous les Lettrés.

En résumant ce que les differens auteurs nous apprennent de la Religion des Chinois ; c'est en général une Idolatrie d'une fort basse espéce. Ceux qu'on appelle Lettrés, sont de très-mauvais Philosophes qui font profession d'étudier les livres anciens & d'y puiser une doctrine plus pure. Ils se partagent en beaucoup de sectes qui s'égarent plus ou moins ; & qui sans donner dans toutes les superstitions du gros de la Nation, se conforment néanmoins aux pratiques extérieures d'un culte idolatre. L'Ecrivain ne connoit pas la Religion des Chinois ; pourquoi y renvoie-t-il ? S'il croit que les Lettrés de la Chine ne ressemblent pas mal à ces hommes que l'on appelle en France *prétendus esprits forts*, qui n'ont aucune Religion ; il ne se trompe pas trop : mais il ne faut pas qu'il donne pour modele le culte reçu & pratiqué par une telle espéce d'Hommes.

Nous ne prétendons point dépouiller les Prêtres de ce que la libéralité des peuples leur a donné.

Où il n'y a ni Culte, ni Sacrifice, il ne faut point de Prêtres.

Mais nous voulons que ces Prêtres qui se raillent presque tous secrétement des mensonges qu'ils débitent, se joignent à nous pour prêcher la vérité.

L'Ecrivain juge des Prêtres de l'Eglise Romaine par ces mercenaires appellés Ministres des prétendues Eglises réformées. Il se trompe. Il peut y avoir des Prêtres dans l'Eglise Romaine qui séduits par des discours ou des écrits tels que celui que l'on examine font naufrage dans la foi ; mais ce nombre est petit par la grace de Dieu.

Cet heureux changement feroit que les Magistrats seroient mieux obéis, les peuples plus tranquilles & plus unis.

Quelle impertinence ! Les Magistrats seroient mieux obéis, & les peuples seroient plus unis, s'il n'y avoit aucun culte public reglé ; si la Religion Chrétienne, qui commande particulierement l'obéissance aux Princes & aux Magistrats & l'amour fraternel, étoit anéantie ?

On offriroit à Dieu les prémices de ses travaux.

Cela est-il incompatible avec la Religion Chrétienne ? Elle l'ordonne au contraire. Au reste cette phrase ne signifie rien du tout dans la bouche de l'Ecrivain. Dans son plan de Religion, entend-il que l'on offriroit à Dieu les prémices à la porte d'un tabernacle comme celui dressé par Moyse, ou dans un Temple semblable à celui qui a été bâti par Salomon, selon l'ordonnance de la loi ? Non ; des Temples, des Autels, des Prêtres seroient contre la sagesse & la simplicité du culte que veulent établir les Déistes : immoleroit-on des animaux de la basse cour & autres, comme Noé & Abraham l'ont fait ? L'Ecrivain réclame le culte de ces Patriarches ; mais il ramenera donc des Autels, des Prêtres, des sacrifices sanglans ; & dès-lors, que deviendra la sagesse & la simplicité du culte ?

Il est vrai qu'elles ne risquent rien dans l'idée qu'il s'est formé d'une Religion. Tout le culte se réduira précisément à reconnoître qu'il y a un Etre suprême ; & peut-être encore à ne lui pas contester qu'il gouverne tout & qu'il est auteur de tout bien ; mais peut-être aussi qu'on impose à l'Ecrivain sur ce dernier article. Car il n'a pas osé s'avancer jusques-là.

Bien des esprits foibles qui entendent parler avec mépris de la superstition Chrétienne, qui l'entendent tourner en ridicule par tant de Prêtres, s'imaginent qu'il n'y a aucune Religion, & s'abandonnent aux excès. Mais lorsque l'on suivra la Religion naturelle ; que la raison sera libre de ses fers ; que le peuple apprendra, qu'il n'y a qu'un Dieu, pere commun de tous les hommes qui sont tous freres ; il s'aimeront & exerceront toutes les vertus, & puniront les crimes ; les hommes seront plus gens de bien en étant plus vertueux.

Telle est la peroraison pathétique du Harangueur. Dès que l'on sait ce qu'il entend par sa Religion naturelle, il est manifeste que tout ce fatras se réduit à ces deux mots : Les hommes lorsqu'ils reconnoîtront qu'il y a un Etre suprême, quoiqu'ils ne lui rendent aucun culte, seront plus vertueux que s'ils faisoient profession de la Religion Chrétienne. Dans quelle tête peut tomber une idée aussi absurde ?

Je suis, Monsieur, très-parfaitement, &c.

www.ingramcontent.com/pod-product-compliance
Lightning Source LLC
LaVergne TN
LVHW051512090426
835512LV00010B/2501